花束・アレンジメント・リース制作を完全マスター
習得時間の目安付き

フラワーデザインの教科書

監修 永塚慎一

誠文堂新光社

はじめに

本書はフラワーデザインを学んでいる人、花店で働いている人がプロとして上達するための教科書です。前半では、フラワーデザインに効果的な葉物や枝物のテクニックを紹介しています。たくさんの花を使ったフラワーデザインは魅力的ですが、仕入れ、使用花材のコスト、そして日本らしい表現や表情の豊かさを広げたいとき、葉物や枝物はとても効果的な役割をします。

そして後半からはブーケとアレンジメントを、基本的なものから難易度の高い作り方まで掲載しています。プロとしてフラワーデザインに取り組むとき、美しい仕上がりだけでなく、迅速に制作する能力も重要です。そこで本書ではブーケとアレンジメントに、目安となる目標制作時間を記載しています。最初は時間内に仕上げることは難しくても、練習を重ねて時間内に仕上げることを目指しましょう。フラワーデザインを簡単に取得する道はありませんが、目標制作時間での制作を繰り返すうちに習得すべきポイントが身につきます。真摯にフラワーデザインと素材に向き合い、練習を重ねることが大切です。本書を手に取った方がプロとして活躍もしくは自分らしくフラワーデザインの表現ができるお手伝いになれば、なによりです。

永塚慎一

目次 Contents

マスターしておきたい！
葉と枝のテクニック

フラワーデザインにおける葉物の役割

葉物とフラワーデザインの関係

葉物はフラワーデザインのなかでは、脇役と捉えられがちな素材で地味な存在ですが、重要な役目を担うものです。その役目を簡単に区分けすると「コストパフォーマンスに貢献する」「表現の幅を広げる」「クッショングリーン」の3つがあります。

1. コストパフォーマンスに貢献

花だけで花束を作る場合とても華やかに仕上がりますが、その分、大きなものを作る場合は花の量が必要になってしまい、仕入れ価格や販売価格にも影響します。

花材に葉物を入れることで、原価を抑えることができます。商売では原価を抑えることが大切です。市場に多く出回っていて、手ごろな価格の葉物を効果的に使うことでコストパフォーマンスのよい作品が作れるでしょう。

モンステラ。艶がある濃いグリーンで存在感がある葉物。周年手に入る。

キキョウラン。細長い葉に、斑が特徴的。株で出回っているので、葉を1枚ずつ取って使用すると便利。

2. 表現の幅を広げる

花だけの組み合わせの場合は、表現の幅が限定的になってしまいます。特にバラ、カーネーション、ユリなど、主張が強く周年で流通していて季節感が限られない花などは、葉物を合わせることで個性の広がりや季節感を表現しやすくなります。花だけで制作するときよりも、作品の深みが生まれ、表情が豊かになり、同じ花材の組み合わせでも、合わせる葉物の種類、色、大きさで、仕上がりが変わってきます。

3. クッショングリーンの効果

花束を作る過程では、花と花の隙間にクッションの役割を担う「アンコ」と呼ばれる花材を入れることが一般的です。花をクッションに利用することもありますが、コストが高くなり、仕入れ価格や販売価格にも大きく影響します。

クッショングリーンでは、葉物の長さを揃えたり、丸めたりするなど加工することで、そのまま花と花の間に入れるよりも、効果が出ます。デザインを考える最初の段階からクッションになる葉物を選び、制作前に加工しておくと、よりデザインがブラッシュアップされるだけでなく、制作時間の短縮にもつながります。

葉を丸める手法がスタンダードですが、グリーンの種類や使用場所によっては葉を巻き込む手法が適していることもあります。巻き込む場合は、葉を曲げて、その葉先を花束の結束部分にまとめて持ち、花束が完成したら茎といっしょに紐などで巻いて固定します。たとえば花束の外側に入れるクッショングリーンに関しては、丸める手法だとホチキスが弾けてしまうこともあるため、巻き込む手法が適しています。

ドラセナを丸めて葉先まで巻いている。

巻き込むときは、花束を組んでから、葉を曲げて結束部分にまとめて持つ。

アレンジメントに使用するときは、フォームに挿しやすいようにカットすると作業が早い。

<u>巻くなど、加工して**クッショングリーン**に使う葉物</u>
ドラセナ、キキョウラン、ミスカンサス、ハラン、ニューサイランなど

<u>加工をしないで**クッショングリーン**に使う葉物</u>
アスパラガス、レザーファーン、ドラセナ・ゴットセフィアーナ、レモンリーフ、ピットスポラム、ビバーナム・ティナスなど

覚えるべき、葉物のテクニック

フラワーデザインで葉物を効果的に使うためのテクニックを紹介します。
花束、アレンジメントで共通に使える技術です。それぞれ使用する葉物の種類で
見え方は変わります。これらのテクニックを単独、または組み合わせて
デザインに入れ込むことで、表現の幅が広がります。

TECHNIC

01 矯める

茎や枝を手で矯める技術は、いけばなでは昔から使われています。葉物では、茎や葉の面を矯めてカーブをつけたりします。葉物の場合、力は不要なので手先や指を使って矯めるのが一般的です。

茎を矯める

葉物の茎を、手で矯めていきます。茎を矯めることで曲線が生まれ、葉の向きなども変えることができます。

①曲げたいところに親指の腹を当てて、徐々に力を加えて形づける。

②矯めていないものと比べて、ラインに動きを出すことができる。

矯めることで曲がりの変化を表現できる。矯める前に、作品での使い方により、イメージをしっかり持ち、矯めていくことが大事。

葉を矯める

葉を矯めることは、葉を曲げること、面を整えることを意味します。葉物はそのままで使うよりも、整えると作品の仕上がりが美しくなります。茎と比べると柔らかいので、指を使って優しく矯めましょう。

①ミスカンサスを10数本まとめて、指の間に挟んでカーブをつけるように矯める。茎と同様に曲げたいところに指の腹を当てて、徐々に力を加えて形づける。葉の形を整える。

②　①のままで1枚ずつ使用することもできるが、まとめて使いたい場合は幅広いテープでミスカンサスを貼り合わせて再度矯める。1本のラインでは心もとないときに使えるテクニック。

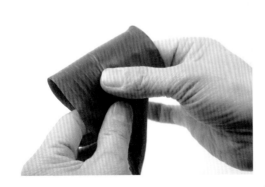

ドラセナの葉を矯めるときは一度、指に巻きつけてから形づけると仕上がりの面がよりきれいになる。

02 丸める・巻く

葉を丸めてホチキスなどで留めるテクニック。手軽な方法で、クッショングリーンを制作するのに向いています。葉先を巻き込む、巻き込まないという丸め方などの違いでも大きく印象は変わります。

①表面を外側にして丸めていく。

②ホチキスで留める。葉の繊維に対して、ホチキスの芯が斜めになるように。平行だと葉が裂けてしまう恐れがある。ホチキスの上からグルーをつけると、さらにしっかり留まる。

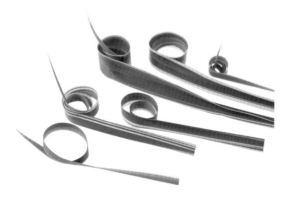

葉先を出す、出さない、二重に巻く、三重に巻く、巻き上げるなどさまざまなバリエーションがある。留める方法もいくつかある。一番手早いのはホチキス。そのほかにもワイヤー、グルーを使う方法などがある。

03 カールさせる

曲線を生み出したいときに使われるテクニック。「矯める」テクニックと似ていますが、クセを強くつけることがポイントです。ミスカンサスやドラセナ、キキョウランなど、細く、長さのある葉物に向いているテクニックです。

①ミスカンサスの表面を外側にし、指に数回巻きつけて、クセづける。

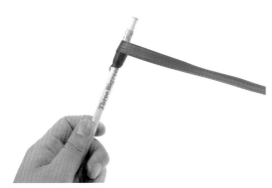

②ペンなどに巻きつけてクセづけてもよい。

③巻きつけた芯から外すと、ゆるやかな曲線を描く。巻き付ける芯の太さや回数で、カールにも変化が出せる。

04 折る

葉物を途中で折るというテクニックです。フトイなどの管状で細長い葉物に向いています。フトイの
なかにワイヤーを挿し込み(インソーション)、折ると形を保持できます。折ることで幾何学的な形
を作ることも可能になります。

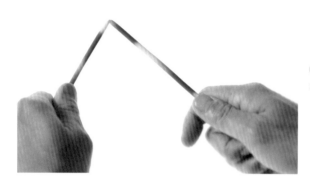

①手で丁寧に折り曲げる。折り直しができないので、
あらかじめ折る位置を考えて行うこと。

②葉物をそのまま折るだけでなく、写真のようになか
にワイヤーを挿し込んでから折る方法も。これは折っ
た形をそのままキープできるだけでなく、種類によって
は折りすぎると垂れ下がって水が下がっているように
見えるため、補強の意味合いもある。

05 切る① 半面をカットする

面の大きな葉物はカットすることで、大きさ、見た目の印象を大きく変えることができます。これは、葉物の半面をカットするテクニックです。カットすることで葉物の美しさ、存在感を強調する効果があります。

①アレカヤシの中心に伸びる茎を軸に、ナイフやハサミで半面をカットする。

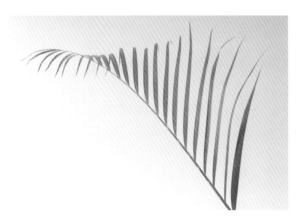

②アレカヤシのように、小さな葉が対につく葉物は、葉の流れの美しい流れをより強調することができる。アレンジメントの大きさに合わせ、大きな葉物の半面をカットすることで、全体のバランスを整える効果も期待できる。

06 切る② 下部をカットする

作品作りに使う葉物がすべて同じ大きさばかりだと、動きを出しにくいことがあります。そんなときには、葉物の下部をカットして大きさを変えることが効果的です。

①茎を残して、葉の下部を丁寧にカットする。このときに葉の中央脈を葉柄のように残す。フローラルフォームに挿さない場合はばっさりカットしても問題ない。

②茎から伸びた中央脈が茎の一部となり、小さなサイズの葉に仕立てることができる。

クロトンをカットしてさまざまな大きさにしたところ。

07 編む

細い葉や切り分けた葉を編むテクニック。編んだ葉物は面となり、土台にもなります。 細い葉物だ
でなく、蔓状のものも葉を落として編み込めます。また、大きな葉物の一部のみを編み込む表現も
できます。

スチールグラスを数本まとめて束にし、先端をまとめ
る。3つに分けて三つ編みの要領で編んでいく。1本
でも数本を束ねて編んでも。

細いスチールグラスを数本束ねてから編むことで、素
材の雰囲気が変わり、ラインのシルエットが面に近い
フォルムへと変化する。

三つ編みに限らず、格子状に編む表現もできる。ニュー
サイランで格子状に編んだところ。

08 割く

手で割いたり、剣山を使って葉物を割いたりするテクニックです。 まずは簡単に手で割く方法を覚えましょう。このテクニックは葉脈が平行に走る、薄い葉物に向いています。

①葉脈に沿って指で割いていく。

小さめの素材が必要になったときに役立つテクニック。パーツに分けずに、一部を割いて使うことも可能。いくつものパーツに割いて用いる方法もある。

ニューサイランを剣山を使って割くことで糸状になる。

09 ワイヤーを使う

矯めよりも、思い通りの形を作ることができるのがワイヤーを使ったテクニックです。ワイヤーを使うことで、表現の幅が広がります。

①オクロレウカに#20または#22のワイヤーを切り口から葉の中心に挿し入れる。このとき葉の中心の大きな空洞ではなく、両端にある小さな空洞に入れることが重要。表面にワイヤーの先が出ないように注意しながら、曲げたい部分まで挿す。

②指の腹でさすりながら、形づけていく。鋭角やなだらかな曲線を描くことができる。

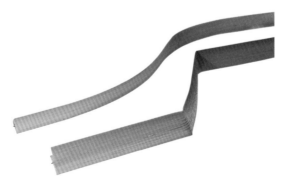

ワイヤーを挿した葉物は、曲線を作るだけでなく、角を強調して形づけることもできる。ただ、極端に曲げると、挿し入れたワイヤーが葉の表面を突き破ることもあるので、注意する。

10 まとめる

葉をまとめることにより、1枚の葉では表現できない力強さ、方向性などが表現できます。まとめる葉物の枚数を調整することによって、強弱をつけることも可能。

左右に葉がついている葉物なども、葉をまとめて挿すことにより本来の姿とはまったく違った色の構成表現が可能になります。

まとめる葉は、事前に形が揃うような素材を選んでからまとめた方が仕上がりが美しい。

まとめにくい小さな葉や、まとめたものをきっちりと固定したいときは、数枚をUピンやワイヤーなどで留めてから挿すと作業がしやすくなる。写真のギボウシは、茎をピンで留めてまとめている。

11 敷き詰める

葉物を敷き詰めることで、フローラルフォームをカバーできることはもちろん、コケを貼る、芝を敷く
ようなイメージを作品のなかに入れ込むことができます。

使用する葉物を切り分けて、ある程度の量にまとめて
ワイヤリングしたり、1枚ずつの葉をUピンで留めるなど
してから、敷き詰める。葉を丁寧に敷き詰めることで、
作品が美しく仕上がる。

立体的に葉を敷き詰める見せ方もある。クロトンをカッ
トし、立体的に敷き詰めている。

12 重ねる

何枚も葉を重ねて、その層の美しさを見せるテクニックです。同じ葉物を重ねることで、フォルムを強調したり、葉色を色のかたまりとして見せることもできます。

縦半分にカットしたタマシダを水盤の縁に沿うように重ねた。葉と葉の間を埋めるように、少しずらして重ねているのがポイント。

ミルフィーユのように重ねたシーグレープの葉。両面テープを使って葉を重ねている。

13 質感を活かす

個性的な葉物の特徴的な質感を活かすことで、その葉物だけにしかできない表現が生まれます。その葉物独自の質感や色を上手に活かすと、レベルアップした作品作りができます。

ふわふわの繊毛があるラムズイヤーなどは、この質感を活かした作品に。

葉の表裏で色が異なるカラテア。葉の模様とともにデザインに活かすことができる。

14 時間経過を見せる

葉物は時間が経つと、緑色から黄色へ変化し、枯れた状態にも独特の風合いが生まれます。
フレッシュなものと対比させることで、ユニークな表現ができます。

アンスリウムやバショウなど水分が少ない葉物がドライ
に向いている。葉物の形をキープさせたままドライにす
るには、水換えを行いつつ水を切らずに徐々に乾燥さ
せるのがポイント。逆に、水につけずに乾燥させて、
形の変化を作品作りに活かすこともできる。

15 絡める

柔らかくて腰がなく、自立しない葉物に有効なテクニックです。リキュウソウやアスパラガスなどの
蔓物は枝や花に絡めることで全体に広がりと空間が生まれ、伸びやかなイメージが演出できます。

軸となる枝や花に引っかけるように絡める。そのため、
絡めることを想定したデザインを考えて葉物を使用す
る。

16 間引く

1つの茎にたくさんの葉がついている葉物は、デザインによっては、葉を間引いてラインを見せた方がすっきりして使いやすくなります。そのためにはデザインの完成形を思い浮かべ、必要な葉を選定しましょう。余分な葉をカットした後は、1枚1枚の葉を見せたいイメージ通りにクセづけして形を整えます。必要に応じて矯めを行うと、より効果的です。

Before   After

左はナルコユリの仕入れたときの姿。余分な葉を間引いて葉にクセをつけたものが右。ナルコユリは葉の根元にヒゲがあるので、それを取り除いた方がすっきりとした印象になる。

Before   After

左はドラセナ・ゴットセフィアーナの仕入れたときの姿。余分な葉を間引いてクセをつけ、さらに葉を矯めたものが右。もっさりとした印象から、すっきりとした姿に。

バラ、ラナンキュラス、スカビオサで作ったマスのブーケにキキョウラン
を矯めたものと、周囲をカットした大きなモンステラを合わせました。キ
キョウランを丸めたものもブーケのなかに入れています。

カールさせる

切る

Flower&Green

ラナンキュラス 、スカビオサ、バラ、
モンステラ、キキョウラン

オールラウンドのブーケに、切り分けたピットスポラムを合わせたブーケ
です。ピットスポラムの存在が外側から花を保護するカバーグリーンで
もあり、切り分けて花と花の間に入れることでクッショングリーンの役目
にもなっています。

クッショングリーン
& カバーグリーン

Flower&Green

ラナンキュラス 、スカビオサ、バラ、ト
ルコギキョウ、ピットスポラム

フラワーデザインにおける枝物の役割

花だけでフラワーデザインを構成すると、「インパクトが強すぎる」「動きがなく単調に見える」などというデメリットが生まれることがあります。シャープなラインを出す枝物は作品全体に動きやメリハリを生み出すことができます。デザインに伸びやかさや躍動感を出すためにも効果的です。枝物自体を目にしただけで季節感が伝わるというメリットも。

春の花枝

冬の終わりから春にかけては、花をつける枝物が多く出回るときです。この季節の枝物は、それ自体が主役として使えるものも多くあります。サクラやモモなどは枝物というより花として親しまれます。花つきの枝物は、つぼみで出回りはじめることが多いので、使用する場合は、花が咲くタイミングを考えて仕入れることが大事です。

サクラのなかでも、流通量が多いケイオウザクラ。

葉を楽しむ枝

新緑が美しい初夏から夏にかけては、さわやかなグリーンの葉が豊富な季節です。葉物のような感覚で枝物をフラワーデザインに取り入れることができます。新緑の時期は、柔らかな新芽が生えてきて、水下がりが激しいこともあるので、取り扱いに注意しましょう。

人気のドウダンツツジは5、6月が新芽の時期で、水が下がりやすい。

紅葉と実ものの枝

秋は、紅葉の枝物が活躍する季節です。紅葉は一部を除いて、ほとんど日持ちがしません。そのため、紅葉した枝を使用する日程と仕入れるタイミングを考える必要があります。実ものの注意点は実の落下防止です。種類によっては、実が落ちやすいため長い期間の装花や飲食店の生け込みには向かないものもあります。それぞれの実の特徴をしっかり把握することが重要です。

紅葉の枝物としては、日持ちがいい紅葉ヒペリカム。

赤く大きな実が印象的なウインターベリー（西洋ウメモドキ）。オランダで人気の実もの。

冬の枝

マツやセンリョウ、ナンテンといった新年に飾る枝物が冬限定で出回ります。マツは水下がりの心配もなく、長く楽しめる枝物の一つですが、マツヤニの扱いには気をつけましょう。センリョウは水が上がると実は落ちにくいですが、頻繁に動かすと落ちるので扱いは慎重に。

1本入るだけで、お正月らしさが演出できるマツ。

枝物の表と裏を見分ける

枝物を使う前に、枝の表と裏を見分けることが必要です。同じように見える枝物でも、表と裏があるのです。基本的に花や葉は太陽に向かって育つ特性があります。

成長の過程で太陽を向いている方が表です。この表裏を理解して生けると、生けたときの仕上がりが違います。まず、見分けるポイントは茎、葉、花の向きです。植物の種類によっては、表側の茎のみ赤く色づいていることもあります。この表裏を理解し、自然な枝のフォルムを見極め、制作にどう活かせるかを考えましょう。

ユーカリ・ニコリー

表　　　　　　　　　　　　　　　　　　　　　　　　裏

このニコリーの茎には表に赤みがある。これも表裏を見極めるポイント

ユーカリも表裏を意識すると、枝のラインを活かすことができる。表の方が枝ぶりが美しく、葉がすっきりと見える。

ヒメミズキ

表　　　　　　　　　裏

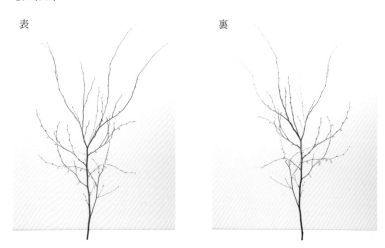

細い枝が多く見定めるのが難しいが、表の方が全体的にすっきりしたフォルム。迷うときは、枝の見やすさを基準に。

ハナミズキ

表

裏

ハナミズキの花の様子。一見、ばらばらな方向を向いているようだが、よく見ると一定の方向を向いているのがわかる。

花が咲いている枝物は、花の向きで表裏を見分ける。ハナミズキのように上を向く花がある場合は、距離をとって枝のつき方をよく見るとわかりやすい。

ガクアジサイ

表

裏

基本的に1本の枝のガクアジサイは、茎と芽の向きで表を見分ける。芽も葉も太陽を向いて伸びるので、向かってくるほうが表。

覚えるべき、枝物のテクニック

葉物のテクニックに比べると、難易度は上がります。枝物の個々の特性が違うので、種類によっては適用できないテクニックもあります。使用する枝物に合わせたテクニックを選んで、デザインを考えましょう。

TECHNIC

01 切り分け

枝取り、枝作りとも呼ばれるテクニックです。どのテクニックよりも前に、この切り分けを覚えましょう。うまく切り分けられれば、目立たせたい枝のラインを際立たせることができます。見せたい枝の形や向き、花や実のつき方などを考慮して行います。切り分け方次第で無駄をなくすことができ、コストパフォーマンスもよくなります。

1本のロシアンオリーブを切り分けたところ。使いたい枝を決めて、余分な枝を外す。短い枝も使えるように。切り分け方によっては、葉物のようにフローラルフォームを隠すために使用できる。

横向きに挿す枝には横向きに伸びている枝を使うと自然に見える。作品に使用するときは、フォームの上面に挿すため、フォームに挿す枝の部分も含めて切り分ける。挿す前に枝が自然な弧を描くように矯めると自然な仕上がりになる。

02 基本の矯め

葉物でも紹介した矯めのテクニック。枝物では葉物以上に使うことが多くあります。枝を曲げて形を作ります。枝に曲がりを出すことで立体感が生まれ、流れが美しくなり、表現の幅は広がります。ただし、矯めると折れてしまう枝物もあるので、注意しましょう。

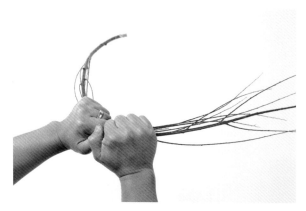

柔軟性があり折れにくい枝を、手で徐々に力を加えて曲げていく。手のひらや指の腹を使い、折れないように優しく力を加えて、作りたい枝の姿を目指す。

折れやすいが矯めが効くドウダンツツジ。力を入れすぎずに、ゆっくり矯めて形を作っていくことがポイント。

このテクニックが向いている枝物

サンゴミズキ、ナツハゼ、ドウダンツツジ、ハナズオウ、ヤナギ類などの折れにくい枝物

矯めることができない枝物

カキ、ウメモドキなど折れやすい枝物

03 折り矯め

幹が太く矯めが容易に効かない場合は、枝を軽く折る感覚で矯める「折り矯め」を使うことができます。枝を折ることで水が下がってしまう枝物には使えません。

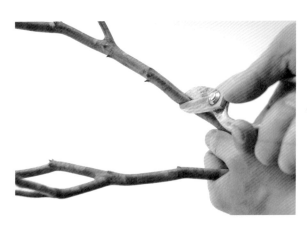

① 曲げたい方向と反対側にハサミを入れる。刃は浅めに。表皮の少し下くらいまでが目安。

② 切り込みを入れた部分に力を加え、枝を矯める。

③ 適度な曲がりができあがる。

このテクニックが向いている枝物

キフジ、サンゴミズキ、石化ヤナギ、ツバキ、ドウダンツツジ（紅葉時期は除く）、ボケなど

「切り分け」と「矯める」を使った枝の作り方

枝物では、切り分けてから矯めるテクニックが最も多く使われます。
ドウダンツツジとドラゴンヤナギを例に「切り分け」から、「矯め」への流れを覚えましょう。

ドウダンツツジ（紅葉）

Before

そのままだと、太い枝は脇枝が多くラインが見えず、全体的に枝と葉が多い印象。

After

ラインをはっきりさせるように脇枝を取り除き、流れの美しい枝を残してさらに余分な枝を切っている。まだ、全体は直線的な印象。

矯めた後

直線的で風情がない枝を矯めていく。矯めることで、枝がより立体的になり奥行き感が生まれる。

04 太い枝の切り方

太い枝をカットするとき、やみくもに力を入れる必要はありません。力の要らないハサミの入れ方、太い枝でもハサミで切れる方法を身に着けましょう。

幹に対して直角に刃を入れると、余計な力が必要になる。

斜めに刃を入れると、より少ない力で切ることができる。

断面も美しく仕上がる。

TECHNIC

05 くさびを入れる

折り矯めの延長線上にある手法です。大きく角度をつけて曲げたい場合、枝が元に戻るのをくさびを入れることで防ぎます。折り矯めた場合と違い、手を加えた部分も目立ちません。

①あらかじめノコギリやハサミで枝の根元を切り、くさびを作っておく。挟みやすいように先端を整える。

②曲げたい方向と反対側に、幹の中心以上までノコギリで深く切り込みを入れる。

③切り口にくさびを挿し込む。ぴったりと納まるように、くさびや切り口の大きさを微調整する。

④切り口が白く見えている場合は、土などをつけて汚し、枝の色に馴染ませる。

このテクニックが向いている枝物

折り矯めできる枝物全般

06 基本の留め方

一般的な枝物の留め方です。細い枝は普通の花と同様に切り口を斜めに切って挿すことで安定します。

①切り口をナイフで斜めにカット。吸水できるよう、表面積を大きくする。

②フローラルフォームに挿す。挿し方は一般的な花材と同様。

③切り口が隠れるまで深く挿す。

④細くコンパクトな枝ならしっかりと固定できる。

このテクニックが向いている枝物

細い枝物

07 切り口に割りを入れて留める

どのような枝物でも留めることができる方法です。枝物の先端を2つに割り、挟むようにフローラルフォームに挿すことで確実に固定できます。フローラルフォームが薄い場合はこのテクニックがおすすめです。

①ハサミで切り込みを入れる。

②切り口に刃先を入れてまわし、割りを入れる。

③指で隙間を広げ、フローラルフォームを挟み込むように挿す。

このテクニックが向いている枝物

枝物全般

08 太い枝を留める①

太い枝はフローラルフォームにそのまま挿すと大きく穴が空き、なかで回ってしまい、うまく固定できません。また枝を挿せるフローラルフォームのスペースも限られています。太すぎて収まりきらない枝は、ノコギリやハサミを使ってフォームに挿す部分のみ細くします。

①出来上がりの太さに合わせた深さまで、太い幹に対して直角にノコギリを入れます。

②根元にハサミで切り込みを入れます。

③切り口に刃先を入れてねじると、木の繊維に沿ってキレイに割りが入ります。

④割ったところをナイフで削って、半分の太さにします。フォームに挿すときは切り口をしっかりフォームのなかに入れること。

09 太い枝を留める②

別の枝を先端に添えて、基部を太くすることで、フォームのなかでしっかりと枝が留まる方法です。
輪ゴムやワイヤーで枝をまとめます。

①添えるための、不要な枝を用意する。接着する側面
部分をカットするとよりきれいに。

②1のカットした枝を添えて切り口を揃え、輪ゴムでま
とめる。この状態でフローラルフォームに挿す。

10 巻く

蔓性の枝もの、キウイヅルや矯めの効くヤナギ類はからまき状に形作ることができます。巻くことにより、曲線を活かしたラインで新たな表現ができます。

枝物という印象を持たない人も多い蔓の枝。矯めることで、表現の方法が増えていく。

このテクニックが向いている枝物

キウイヅル、アカヅル、フジヅル、サンキライなどの蔓性のものや細いヤナギ類など

11 枝を編む

小枝をすのこのように編み、板状に整えるテクニックです。枝の重ね方により、さまざまな表現ができます。自然な枝振りを残して作るため、技巧的でありながら、ナチュラルな雰囲気を演出できます。

ペーパーワイヤーを2つ折りにして小枝を挟み、ねじって留める。2本目以降は枝先を同じ方向に揃え、等間隔にあけて同じ要領で留め、マット状に編み上げていく。

**枝物のテクニックを
使った作品例 1**

レンギョウの枝を切り分けてから、矯めて制作したブーケです。花が咲く枝物は、花としての存在感もあるので、華やかな演出ができます。

切り分け ＆ 矯め

Flower&Green

レンギョウ、シンビジウム、ガーベラ、
キク、アルストロメリア、アジサイ、丸葉
ルスカス、ミスカンサス、ドラセナ2種

　花制作／藤澤 努

枝物と葉物の落ち着いた雰囲気のブーケです。葉を編んで作ったオブジェ状のものと切り分けた枝で高さを出し、足元に丸めたさまざまなグリーンでユニークに仕上げています。

切り分け & 矯め

Flower&Green

トサミズキ、アセビ、アレカヤシ、ドラセナ2種

葉物や枝物で作る コンストラクション

コンストラクションとは、構造物という意味です。コンストラクションという考え方を花束に加えることで、本来の花束ではありえない空間を創出し、自由な表現が可能になります。葉物や枝物を使い、蔓や切り分けた枝の組み合わせや葉物を編むなどして、自由なコンストラクションを生み出すことができます。

レッドウィローで作るコンストラクション。花束に入れる場合は、持ち手部分を作ることで花材と一体化したコンストラクションができる。

コンストラクションを 使った作品例1

サンゴミズキを組み合わせて作ったコンストラクションを使った花束です。サンゴミズキはワイヤーで留めて固定。コンストラクションの中央にオールラウンド型のブーケを作っています。長い茎のアンスリウムをコンストラクションが支えています。

切る

Flower&Green

サンゴミズキ、ガーベラ、アマリリス、アンスリウム、ユリ、ドラセナ、ユーカリ、アイビー、ミスカンサス

サンゴミズキで作った立体的なコンストラクションに、丸めたドラセナを
重ねて、チューリップが飛び出すようにブーケを作っています。コンストラ
クション以外にも葉物の構成が複雑でユニークなブーケです。

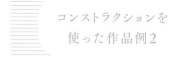

Flower&Green

キク、ナデシコ'テマリソウ'、チュー
リップ、エリンジウム、タニワタリ'グ
リーンウェーブ'、サンゴミズキ、ドラ
セナ2種、キキョウラン

花制作／藤田美直子

ニューサイランを三角や四角に折って立体感を出したコンストラクション
を用いています。割いたニューサイランと矯めたミスカンサスをふんわり
とあしらっています。

Flower&Green

ラン、ラナンキュラス 、ニューサイラ
ン、ミスカンサス、丸葉ルスカス、ドラ
セナ、ヒヤシンス

アカヅルにワイヤーで足をつけて作ったコンストラクションです。ワイヤーを花束の中心にし、周りに花を配置して制作しています。花束を作ったあとに、さらにアカヅルを追加して立体的に仕上げています。

Flower&Green

アカヅル、ヒヤシンス2種、バラ2種、
ユーカリ・ポポラス

花制作／白川絵里

section

2

花束の基本知識と
制作テクニック

基礎のテクニック

花の仕事をするなら、確実に覚えておかなければならない、「水あげ」「ワイヤリング」。
どちらも作品作りには不可欠なテクニックです。

01 水あげについて

　　実際に花店で働いている人や働いた経験のある人は、水あげについてすでに理解していると思いますが、なかには水あげの済んだ花を取り扱う花店やスクールも多くあります。ここでは確認事項として、一般的な水あげについて紹介します。

　　水あげとは、花に水を吸わせて花を長持ちさせるための技術です。花束を作る際にはさまざまな種類の花を使いますが、適切な水あげ方法がそれぞれ異なることもあります。どんな花でもまずは花材を仕入れてからすぐに、水あげを行います。

　　花がピンと元気であれば、水あげは特に必要がないこともあります。ただ、仕入れてきて一見元気でも水あげをし直すと、それ以上に生き生きとしてくることも多々あります。できるだけ長く楽しめる花束、アレンジメントにするためにも、水あげは欠かせません。

　　おもな水あげの方法は下記のとおりです。

1. 切り戻し

一番簡単な方法です。茎の根元を斜めにカットし、水につけます。斜めにカットすることで茎の断面積が大きくなり、吸水しやすくなります。

2. 水切り

バケツなどに水を入れて、その水のなかで茎の根元をカットします。時間に余裕があるときは、1の切り戻しではなく、すべての花を水切りしたほうが効果的です。水切り後には、また水にしっかりつけておきます。

3. 湯あげ

茎を斜めにカットし、沸騰したお湯に浸けます。茎の導管内の空気が抜けて真空状態になり、一気に水があがります。湯につかって変色した部分（死滅した細胞）は水切りをします。水が下がりやすい草花やダスティミラーなどに効果的です。

4. 焼く

茎を斜めにカットし、炭化して黒くなるまで切り口をあぶります。湯あげと同様の効果があります。葉の部分は乾燥を防ぐため、あらかじめ濡れた新聞紙などを巻いて行います。ゼラニウムやアイビーなどに効果的です。

5. 叩く

切り口を木槌やハンマーなどの硬いもので叩きます。繊維質が壊れて導管がむき出しになり、吸水できる茎の面積が広がります。アスパラガス全般に効果的です。

6. 割る

茎を斜めにカットすることが難しい枝物などは、切り口をハサミで割り水あげをします。枝物に効果的です。

7. 薬剤の使用

根元に水あげ促進効果がある薬剤を使用することで、短時間で効果的な水あげができます。

※どの水あげ方法でも、処理をした後は水にしっかり浸けて吸水させます。

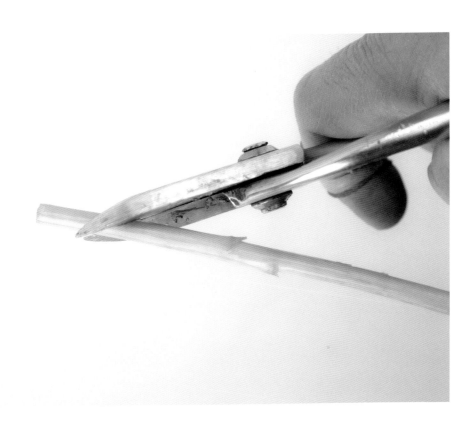

02 ワイヤリング

ワイヤリングというと、ウェディングブーケやコサージュなど、特殊なシーンでのみ必要なテクニックと思われがちですが、花束やアレンジメントで使うこともあります。ここでは花束の制作に必要な最低限のワイヤリングのテクニックを紹介します。

ラインの部分を曲げるためにワイヤーを入れたところ。ここで葉を曲げる。

1. 葉を曲げるワイヤリングテクニック

カバーグリーンや花束の中心部に葉物を入れる際、葉を曲げて入れたいときに効果的なワイヤリングの方法です。葉にワイヤーをかけると、葉を簡単に曲げることができます。曲げる部分により、ワイヤーの長さが変わります。ワイヤーの適したサイズは#22〜26になります。

①ワイヤーを写真のようにU字に曲げる。

②葉にU字ワイヤーを差し込む。

③通したワイヤーの足を葉の茎に巻きつける。

④③の部分をフローラルテープで、テーピングしてワイヤリングは完成。葉を曲げたい部分でワイヤーを曲げる。

2. 茎にワイヤーをインソーション（挿入）する

ワイヤーを茎のなかに入れることによって、花を思いのままに動かすことができます。ガーベラ、ラナンキュラス、チョコレートコスモスなど、茎が空洞になっている花に向いています。
適するワイヤーのサイズは、ガーベラ、ラナンキュラスは#22〜20、チョコレートコスモスは#26〜24です。

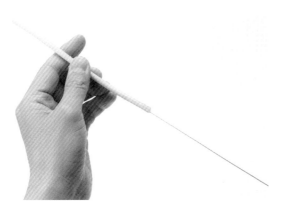

①写真のようにワイヤーをガーベラの茎のなかに差し込む。 　②茎を優しく押さえて、曲がりをつける。

3. アマリリスにインソーション（挿入）する

アマリリスへのインソーションは、茎の折れを防ぐのが目的です。写真のように枝をインソーションしてホイルなどを詰めて、根元にフタをします。ワイヤーでは細く、花を支えられません。枝を使用することで普通のハサミでも茎をカットすることができます。茎の太いカラーにも応用できます。

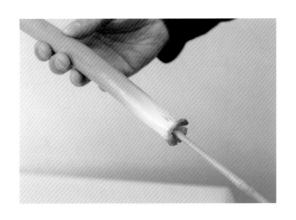

アマリリスのステムの下から枝などを挿し込んでいく。

花束を制作していく上での作業手順

花束を制作するときには、準備の順番がとても重要です。
ここではその手順を覚えていきましょう。

花束のプランを考える

飾る場所や目的、器、大きさ、色合いなどを決めます。花材を選ぶうえでは飾る器も重要です。丸い器、細長い器、太い器、ガラス素材の器、陶製の器、大きな器、小さな器など、器により花束の大きさや、形状を変えなくてはいけないからです。

飾る場所の環境を知ることで、よりシチュエーションにあった花束を制作することができます（贈り物の場合は花束を飾る環境まで知らなくても問題ありませんが、店頭で注文を受けてお客様と対面で話せる時には、必ずそこまでヒアリングしてプランを考えましょう）。この場合の環境とは、飾る場所の温度が高い、低い、風や空調があたる場所かどうか、飾る背景の壁の色や部屋のインテリアのようなさまざまな要素のことです。お客様からのリクエストがある場合は、もちろん、それらを加味して考えましょう。

花材を選ぶ

プランで決めた花束の大きさ、形、色合い、飾るシチュエーションなどを加味して花材を選びます。それらを考慮しながら花材を選ぶことで、より日持ちする花束（飾る環境に合っている）、また飾って効果の高い花束（色、形、大きさが飾る場所の雰囲気に合っている）を制作することができます。

制作の下準備

花束を制作し始めると、花束を持っている方の手は制作中ずっと塞がってしまいます。そのため、制作はすべてが片手での作業となるので、制作前の下準備がとても大切です。

1. 道具の用意

花バサミもしくはフローラルナイフ、紐（花束を結束するためのもの。麻紐、ナイロン紐、ラフィア、リボンなど）を用意します。他に必要があれば、ホチキス（葉を留めたりする）、ワイヤーなど適宜用意します。

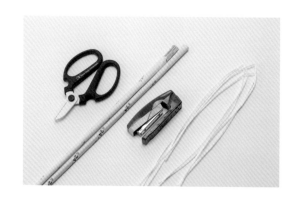

2. 下葉の処理を行う

花材を用意したら、その花材の下葉をきれいに取り除く処理を事前に行います。下葉とは花束を結束するポイントから下の茎についている葉のことです。また結束ポイントより上についている葉でも、不要だと思う葉については取り除いておきます。花瓶などに入れる場合は、結束ポイントまで水を入れることを想定します。花瓶の水のなかに葉が浸かることで水中にバクテリアが発生しやすくなり、結果的に花束の日持ちが悪くなります。下葉の処理は見た目だけでなく、日持ちという観点からも大切な作業です。バラのようにトゲのある花は、このときにトゲも取ります。花店で購入した場合はトゲは処理されていますが、市場や仲卸などで仕入れた場合はトゲがついています。

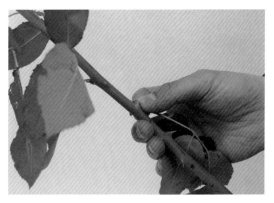

不要な下葉を取る。デザインによっては、すべて葉を取り除くこともある。

バラのトゲを処理。写真では手で外しているが、専用のトゲ取り器などもある。

3. クッショングリーン（クッションフラワー）を用意する

クッションの役割については、p.9で紹介しています。花束を作る前に準備をしておくと、仕上がりの時間が早くなります。クッションには葉物ではなく、花を使ってもよいでしょう。その場合は、花びらが強く、つぶれにくい花や枝葉の張っている花が適切です。カーネーション 、ナデシコ'テマリソウ'、カスミソウ 、アジサイ 、エリンジウムなどが代表的です。葉物を使う場合も事前にクッションを決めておきましょう。

丸める方法

巻き込む方法

花束の種類を覚えよう

実践的な花束には大きく分けて2つの形があります。
ワンサイド型とオールラウンド型です。

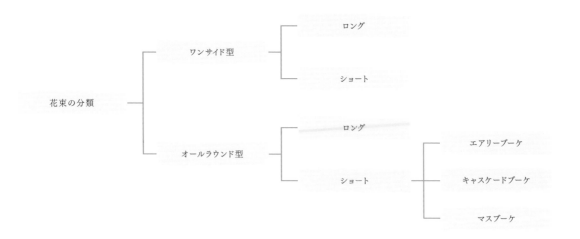

```
花束の分類 ─┬─ ワンサイド型 ──┬── ロング
            │                 └── ショート
            │
            └─ オールラウンド型 ─┬── ロング
                                └── ショート ──┬── エアリーブーケ
                                               ├── キャスケードブーケ
                                               └── マスブーケ
```

ワンサイド型

背中がある花束をワンサイド型と呼びます。この型の用途としては式典やステージなどでの贈呈花
や仏花などがあり、花束の長さでロング、ショートに分かれます。ロングの長さの目安は50cm以上
で、ショートに比べて制作難易度が高めです。

左はワンサイド型ロングの花束。右はワンサイド型ショート。どちらもすべての花が正面を向いていることが
わかる。

オールラウンド型

オールラウンド型は、ロングとショートの種類に分かれます。ワンサイド型と形状や展開は似ていますが、オールラウンド型は四方どこからでも花を見ることができる花束です。ロングは長さ50cm以上の花10本以上を、同じ長さで四方正面に束ねたものです。花の展開は約45～120度の展開で、花の種類、分量に左右されます。

オールラウンド型ロングの花束。前ページのワンサイド型ロングと同じ花材を使用。一見似ているが、花の向いている方向が大きく異なる。ワンサイド型が前方を向いているのに対し、オールラウンド型はそれぞれの花の向きが四方に広がっている。

オールラウンド型ブーケの種類

オールラウンド型ショートにはエアリーブーケ、キャスケードブーケ、マスブーケの3種があります。下の写真のように、これらの花束は組んだ花が180度以上の広がり（展開）を持つことが基本です。

オールラウンド型マスブーケの横から見たところ。花が180度以上に広がっている。これは、エアリーブーケ、キャスケードブーケでも同様。

エアリーブーケ

エアリーブーケとは花束のなかに空間を作り、そこにデザインを作るアレンジメントのような花束のことです。自然植生的なデザインも含まれます。

オールラウンド型エアリーブーケ。花束のなかにアレンジメントのような世界観が作られているのが特徴。

キャスケードブーケ

キャスケードブーケとは片方向へ流れるように展開する花束です。流れる滝（Cascade）のイメージから名前がつけられています。キャスケードブーケはウェディングブーケとして非常に人気がある以外には、背の高い花器に飾るなど、他のオールラウンド型に比べて使用するシーンが限定的です。流れるように展開した部分を制作するために、下へ垂れ下がる花や蔓性のグリーンを使用します。

カラーや葉物を飛び出すように配置し、ブーケのなかに流れを作る。動きが最も感じられる花束の形。

マスブーケ

マスブーケとは、花を密集体にした花束のことです。花と花、色と色が隣り合っているため、形の制作自体は難しくありませんが、配色のバランスの難易度は高めです。作りたい花束の大きさによって、使用する花の長さは変わります。大きくしたい場合は、オールラウンド型ロングのように長さのある花を使用して制作します。

トルコギキョウとバラを密集させて作ったマスブーケ。

花束を組む方法と結束、仕上げについて

花束を組むには、スパイラルとパラレルという基本的な2つの方法があります。
よく使う方法はスパイラルになりますが、それぞれの方法で向いている花材があります。
この2つの方法は花の茎を傷めずに、花束を仕上げることができます。

花束の組み方

① スパイラルの組み方

スパイラルとは「らせん」という意味の言葉で、名前の通り花の茎を常に一定方向に向かってらせん状に組んでいく方法です。スパイラルで組んだ花束は結束ポイントを細くすることができます（パラレルでは結束ポイントは細くなりません）。

一定方向に組んでいくときには、左回りの組み方と右回りの組み方があり、それは制作する人の持ち手の違いになります（つまり制作者の利き手によります）。左手で持って制作する場合は右回り、右手で持って制作する場合は左回りになります。これは花を手で持って組んでいくうえで、花を入れやすい方向がこの回り方だからです。

スパイラルの組み方の流れ

②パラレルの組み方

パラレルとは「平行」という意味の言葉で、らせん状に組むスパイラルに対し、こちらは花の茎を平行に組んでいく束ね方です。主にスパイラルでは組みにくい花材をパラレルを使って束ねることが多くあります。そのため、どの花材でもこのパラレルで花束を作ることはできますが、特に向いている花材というものがあります（スパイラルで組むと、茎を傷めてしまうことがある花材など）。

<u>このテクニックが向いている花材</u>
カラー、アマリリス、ヒヤシンス、ユーチャリスなど

パラレルの組み方の流れ

結束

①結束する紐について

花束を組んだ後には、結束を行います。結束をする紐は制作前に必ず用意しておきましょう。 結束する紐は、なるべく切れにくい紐を選びます。よく使われるのはナイロン紐、麻紐、ラフィア（扱いやすくするため、事前に水に濡らしてから使用します）、リボンなどです。結束部分を2周から3周程度巻き、結ぶ余裕のある長さが適切です。紐を事前に切らずに、結束してから切ってもかまいません。

②結束する位置など

結束する位置は花束を組むときに握っていた部分です。パラレルで組んだ場合は花束の制作時に握っていたところと、その下の部分でもう1ヵ所結束をします（写真左下を参照）。スパイラルでは一般的に1ヵ所（写真右下）ですが、場合によっては2ヵ所を結束することもあります。また組み方に限らず、ワンサイド型ロング、オールラウンドブーケ型ロングでも2ヵ所を結束することもあります。

パラレルで組んだ花束。2ヵ所ナイロン紐で結束している。

スパイラルで組んだ花束をナイロン紐で結束した様子。

③花のカットの方法とその長さ

花束が組みあがり、結束したあとには、不要な茎はカットします。その際に茎の先はすべて斜めにカットしましょう。吸水面積を増やし、花の水あげがよくなります。

飾る器によって茎の長さを揃えなくてはいけない場合があります。花束の大きさと合う一般的な形の花器であれば、結束部分より下でカットされていれば、すべての茎が同じ長さでなくても問題はありません。ただ、平皿や水盤など平たい花器にスタンディングで飾る場合などはすべての茎を同じ長さに揃え、花がきちんと吸水できるようにしなくてはなりません。また飾る器の形によっても、花束の長さの調整は必要です。長すぎても短すぎてもバランスが悪くなってしまうので、最後の長さの調整は慎重に行いましょう。基本的には、花束の茎の長さは一握り半〜二握りくらいが目安ですが、花束を飾る器に合わせて長さを調整します。

茎を斜めにカットしたところ。すべての茎の先端が斜めになるようにカットする。

④カバーグリーンについて

花束は最後にカバーグリーンをつけることが多々あります（オールラウンド型ショートでは、ほとんどのケースでカバーグリーンをつけます）。デザイン的な理由もありますが、結束するときや飾っている最中に花の折れを防ぐための保護が目的です。

このテクニックが向いている葉物
ドラセナ、レザーファーン、レモンリーフ、モンステラ、ドラセナ・ゴットセフィアーナ、アンスリウムの葉など

花束の形ごとの作り方

花束それぞれの詳しい構造と作り方を覚えていきましょう。

ワンサイド型の花束の作り方

①ワンサイド型ロング

花束に背面を作ることがワンサイドの特徴です。ワンサイド型ロングは、下の写真のようにテーブルの上に置いて花束を制作することができます。

テーブルの上に置いて行う、ワンサイド型ロングの作り方の流れ

テーブルの上に置くことで、背面のバランスを崩さずに花束を作ることができる。 花の組み方はスパイラルでもパラレルでも問題ない。

②ワンサイド型ショート

ワンサイド型ショートは、一定方向の視点で制作します。ロングのようにテーブルの上に置いてもかまいませんが、手で組んでもよいでしょう。こちらも組み方はスパイラルでもパラレルでもかまいません。

ワンサイド型ショートの作り方やポイント

ワンサイド型ショートでは、花を組むときに少しずつ段差をつけていくのがポイント。

③ワンサイド型花束のノーズ（鼻）

ワンサイド型は、花束のなかにノーズ（鼻）を作っていくと美しく形成されます。ノーズは、センターの花を一番高くして、サイドにいくにしたがい、低くしていきます。人間の顔を作っていくイメージで捉えればわかりやすいでしょう。花束にノーズを作る事で高低差が生まれ、美しい花束を作ることができます。特に最後列のセンターの花を一番高くし、そこからサイドに向かって低くしていくと、まとまりのある花束を作ることができます。

オールラウンド型の花束の作り方

①オールラウンド型ロング

組み方はスパイラルで組んでいきます。花と花の間隔をほぼ均等に空けていくために、間にグリーンを入れていきます。一定方向からだけ見て制作しているとワンサイドのようになりやすいので、必ず回しながら全体を見て制作していくことが大切です。

さまざまな角度から見たオールラウンド型ロング

正面

真後ろ

真上

②オールラウンド型エアリーブーケ

オールラウンド型ショートのなかでも最もデザインの自由度が高いのがエアリーブーケです。組み方はスパイラルが一番適しています。エアリーブーケの展開はかなり広く、いろいろなタイプを作ることができます。茎や枝のラインの美しさや長さを活かすブーケにする場合は、根元に印象の強い花を使うことでまとまりのある花束になります。花の配分は花束の大きさや形によって変わります。エアリーブーケはデザイン性がかなり高くなるため、完成したときのフォルムを決めてから制作していくとよいでしょう。クッショングリーンを多用すると作りやすくなります。

オールラウンド型エアリーブーケのポイント

クッショングリーンを事前に準備する。

ラインの花を使用したタイプのエアリーブーケ。

③オールラウンド型キャスケードブーケ

キャスケードブーケはその独特な形から、スパイラルとパラレルの組み方の両方を用いて制作します。どんな花材でも制作できるエアリーブーケやマスブーケに対して、キャスケードブーケは垂れ下がる花材を取り入れていくことが美しいブーケを作る秘訣です。

このテクニックが向いている花材・葉物

カラー、コチョウラン、チューリップ、宿根スイートピー、ミスカンサス、ハラン、ニューサイラン、ナルコラン、アスパラガス（ペラ）、スマイラックスなど

オールラウンド型キャスケードブーケのポイント

まずは中心部を
作る。

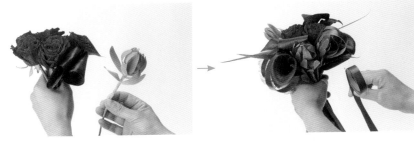

次に流れる部分
を作る。

④オールラウンド型マスブーケ

マスブーケは主にスパイラル、花材によってはパラレルで組みます。この形は他の形の花束に比べて比較的簡単です。それは花と花の間を広げていかなくてよいからです。とくに同色、もしくは1種の花材で作るマスブーケは初心者でも作りやすい形です。しかし色数や花の種類が増えるにつれ、難易度は高くなります。それは組み合わせの問題です。多色使いでこのマスブーケを作る際は、事前にどの色のどの花をどこに配置していくかをよく考えてから組むことが大切です。考えずに組みはじめると、やり直しが必要になってくることもあります。

オールラウンド型マスブーケのポイント

事前にクッショングリーンを作っておくと、マスブーケを作りやすい。

グルーピングで作ったマスブーケ。グルーピングとは、1つの花を塊にして見せるテクニック。

目指セマスター！
目標制作時間の目安つき

仕上がりが見違える
　　　　花束の葉物使い

ガーベラ＋葉物の花束

ガーベラ10本のオールラウンド型マスブーケです。ガーベラは葉がない花材で、
茎を曲げることもできません。葉物3種と合わせることで、動きを出します。
まずは、曲がらない花に合わせて「葉物で動きを出す」というデザイン表現に挑戦してください。

習得すべきポイント

・ガーベラの扱い

・葉物で動きを出す

制作前の準備

・ドラセナを丸めて、ホチキスで留める。

・レモンリーフは下部分の葉を間引き、茎を矯める。

使用するテクニック

・葉を丸める、間引く。花の茎を矯める。クッショ
ングリーンの使用。

Flower & Green

レモンリーフ…1
ドラセナ…1本
ガーベラ…10
アンブレラファーン…1

使用花材の数については、基本的に一本単位ですが、
ドラセナやキキョウランのように複数枚葉がついているも
のは本や枚を表記しています。

1. 中心にガーベラを持ち、その周りに
　丸めたドラセナ2、3枚を合わせる。

2. ガーベラとドラセナを交互に入れ
　ながらラウンドの形にしていく。

3. ブーケの丸みを気にしながらさら
　にドラセナを2、3枚入れる。

4. 上から見た図。丸くきれいな球体と
　なるように、花の高さを調整する。

5. ④の周りにレモンリーフとドラセナ
　を入れる。

6. 余分な葉をカットして形を整えた
　アンブレラファーン3枚をそえる。

7. 最後に丸めたドラセナをレモン
　リーフの下に添えて完成。

アンスリウム＋葉物の花束

個性的なフォルムのアンスリウムのオールラウンド型ショートです。
アンスリウムの特徴的な花姿を活かし、5本がぶつからないように、バランスよく組んでいきます。
葉物は花とのバランスと仕上がりのフォルムを考えて加えていきます。

制作前の準備

・アンスリウムの茎を矯める。

・ドラセナは丸める。

・レモンリーフ、アンブレラファーンは余分な葉を間引く。

・モンステラの葉先を丸める。

習得すべきポイント

・アンスリウムの向き

使用するテクニック

・茎を矯める。葉を丸める、間引く。

Flower & Green

アンスリウム…5
モンステラ…3
アンブレラファーン…3
ドラセナ…2本
レモンリーフ…3

1. 組む前に、ドラセナは葉を1枚ずつ外し丸める。レモンリーフは枝でカットし、アンブレラファーンは余分な枝を外す。

2. まっすぐな茎をややカーブをつけるように矯めたアンスリウム2本とドラセナ、アンブレラファーンを持つ。

3. アンスリウムの顔の向きに変化をつけながら、アンスリウム、ドラセナ、レモンリーフを交互にオールラウンドの形に組んでいく。クッションになる葉物を多めに入れる。

4. モンステラの葉先の一部を丸める。

5. ④のモンステラを横に入れる。

6. 最後にレモンリーフでブーケの下部分にあてて完成。

バラ＋葉物の花束 I

バラで高低差をつけたオールラウンド型エアリーブーケです。
葉物でブーケのアウトラインを大きく作ることで、
バラだけのブーケよりも空間が広がり、存在感が高まります。

制作前の準備

・ニューサイラン、キキョウラン、ハランを
　丸め、ブーケを束ねる前にホチキスで
　留める。

・バラの葉は結束部分より下部は外す。

習得すべきポイント

・葉物でアウトラインを作る

・バラで高低差をつける

使用するテクニック

・葉を矯める、丸める、巻き込む。

Flower & Green

バラ…8
ニューサイラン…10
ハラン…3
キキョウラン…2

1. バラは下葉は取っておく。

2. バラとニューサイランを合わせる。

3. バラを数本入れ、スパイラルに束ねていく。

4. 丸めた葉物を入れていく。

5. 下部にもバラを入れる。

6. 最後にキキョウランを大きなループを作るように巻き込み、180度展開にする。

編んだ葉物をブーケに入れる

アレカヤシを編んで作ったクッショングリーンをブーケのなかに入れています。
バラをアレカヤシの編み目に入れて組み、葉物でボリューム感を出して仕上げます。

制作前の準備

- タニワタリは下部の葉をカットして、葉柄を残す。
- ドラセナ、キキョウラン、タニワタリは丸めてホチキスで留める。
- キキョウラン、タニワタリは矯めて形を整える。
- アレカヤシを1枚は半分にカットする。

習得すべきポイント

- クッショングリーンを使用する感覚をつかむ

使用するテクニック

- 葉を編む、丸める、矯める、半面をカットする。

Flower & Green

アレカヤシ…3
モンステラ…2
キキョウラン…2本
ドラセナ赤…1本
バラ…11
タニワタリ…3

目標制作時間

40 min.

1. アレカヤシを編む。アレカヤシを編むときは、外れないように両面テープを使用する。仕上がりが丸みを帯びたボール状になるように仕上げる。

2. アレカヤシを編んだものとドラセナを中心部に持つ。

3. 2つ目の編んだアレカヤシ、バラを合わせる。加工したアレカヤシの編み目にもバラを挿す。

4. モンステラを入れてボリュームを出していく。丸めたキキョウランも挿し込む。

5. オールラウンドの形を意識しながら、バラを高低差を出しながら配置していく。

6. 茎の部分をしっかりと持ちながら、下から支えるような形でタニワタリを添える。

7. 一番外側にも丸めたアレカヤシを入れて、形に広がりを持たせる。

8. 最後にキャスケード部分にタニワタリ2枚、ドラセナ、アレカヤシ（半面のもの）を入れて完成。

バラ＋葉物の花束Ⅱ

オールラウンド型エアリーブーケです。丸めたドラセナ、折ったフトイを加えてボリュームを出し、
高さのある葉物を加えてブーケ自体のボリューム感をアップさせます。
葉物のラインのバランスを考えて作りましょう。

制作前の準備

・イタリアンルスカスは下部の葉を外し、
　葉を適度に間引く。

・ドラセナは丸めたり、葉の一部を切り込
　み丸めたりなどの加工をする。

・バラの葉は結束部分より下部は外す。

習得すべきポイント

・葉物のラインを見せる

・フトイを折って使う

使用するテクニック

・葉を間引く、丸める、矯める、小さ
　くカットする。

・エアリー感を出す。

Flower & Green

バラ…8
ドラセナ赤…2本
ドラセナ'ハワイアンフラッグ'…2本
フトイ…10
イタリアンルスカス…3

1. 事前に加工した葉物。ドラセナは立体的
な仕上がりとなる。

2. 中心にバラ、周りに丸めたドラセナ赤をま
とめていく。

3. ルスカスを②のドラセナの間に入れ、エ
アリー感を出す。

4. ドラセナ'ハワイアンフラッグ'を入れる。2
層にすることで、2種のドラセナの色を効
果的に使う。

5. バランスを見ながらフトイを入れ、そのう
ち数本は折り、フレームのように形作り、
完成。

バラ＋葉物の花束Ⅲ

キキョウランを丸めたものをバラの間に入れ、花の間に空間を作って仕上げたキャスケードブーケです。
美しくラインを描くミスカンサスでキャスケードを仕上げることを習得しましょう。

制作前の準備

・タニワタリは下部の葉をカットして、
 葉柄を残す。

・タニワタリは葉先が出るように丸める。
 キキョウランは葉先が出ないように丸め
 る。いずれもホチキスで留める。

・ミスカンサスは束の状態で、ボールペン
 などに巻きつけ、カールをつける。

習得すべきポイント

・花の間に空間を作る

・ミスカンサスをカールさせる

使用するテクニック

・葉を丸める、カールをつける。

Flower & Green

バラ…9
キキョウラン…12枚
ミスカンサス…15
タニワタリ'エメラルドウェーブ'…6

1. バラと葉を中心に、数本手に取る。

2. キキョウラン、タニワタリを手に取り丸める。空間を感じられるようにゆったりと。

3. 上から見た図。バラとキキョウランをバランスよく配置してきれいなラウンドを意識する。間に軽くカールさせたミスカンサスを適度に入れる。

4. 巻いて形作ったキキョウランを適度に入れて空間を持たせる。丸みをしっかりと作るのがポイントとなる。

5. ブーケの下部にもバラを入れる。

5. タニワタリをキャスケード部分に入れる。形を整えて完成。

目指セマスター！
目標制作時間の目安つき

葉と枝を効果的に使った
ブーケ・上級編

花と葉を重ねて作るマスブーケ

中心となる花の上に、葉と花を重ねて作るマスブーケです。
重ねていくことで生まれる立体感と動きを習得しましょう。

制作前の準備

- キキョウランを丸めて、留める。
- レモンリーフは下部の葉は外し、矯める。
- アンスリウムを矯める。

習得すべきポイント

- 花と葉を重ねる

使用するテクニック

- 葉を丸める、矯める。
- クッションフラワー、クッショングリーンの使用。

Flower & Green

ラナンキュラス…10
アンスリウム…3
キキョウラン…2本
ブバリア…5
レモンリーフ…2
ミスカンサス…3

1. ラナンキュラス3本でブーケの中心を作る。

2. ブバリアと丸めたキキョウランを合わせて丸くオールラウンドにする。

3. レモンリーフとキキョウランでブバリアをカバーし、ラナンキュラス2本合わせる。

4. アンスリウム3本をそれぞれ顔の向きが外へ広がる位置で③に添える。

5. ④の下にラナンキュラスを合わせ、その下に丸めたミスカンサスやキキョウランを入れ、動きと立体感を出して結束して完成。

assignment 08

空間を活かすエアリーブーケ I

ダリア5本を高低差をつけ距離を取って束ね、ブーケのなかにクッショングリーンで
空間を作ったエアリーブーケです。タニワタリやモンステラなどの大きな葉の切り分け方と
花との組み合わせを学びましょう。

制作前の準備

・モンステラを1/4程度にカットする。

・ハランは少し小さくカットする。

・ピットスポラムを使用する長さで切り
　分ける。

習得すべきポイント

・葉の適切な切り分けと花の配置

使用するテクニック

・葉を丸める、カットする、切り分ける。

Flower & Green

タニワタリ…3
モンステラ…3
ハラン…2
ピットスポラム…5
アルテルナンテラ…5
ダリア…5

1. タニワタリを丸めて片手で握る。

2. 1/4程度にカットしたモンステラは葉の周りもカットして整え、①と重ねる。

3. ハラン、ダリアを②の中心に入れる。

4. アルテルナンテラ、ハラン、ピットスポラムをダリアの周りに短めに入れてブーケを大きくしていく。

5. ピットスポラムが前面に飛び出るようにし、全体の形を整えて結束して完成。

空間を活かすエアリーブーケ II

特性の異なる花で作るエアリーブーケです。ダリアは矯めて向きを変えることができないため、
花の向きを意識して花を配置します。一方、カラーは矯めが効くので、花の位置を考慮し
あらかじめ矯めてから使用します。それぞれの特性を活かしながら組んでいきましょう。

制作前の準備

・ミモザを切り分ける。

・カラーを矯める。

・ハランを縦半分にカットする。

習得すべきポイント

・特性の違う花で作るエアリー感

使用するテクニック

・枝を切り分ける。葉を丸め、矯める。

・花を矯める、切り分ける。

Flower & Green

カラー…3	ドラセナ…1本
カーネーション…3	ベアグラス…2
ダリア…4	
ヒペリカム…1	
ミモザ…1	
ハラン…2	

1. ドラセナをクッショングリーンとして使うため、丸めておく。

2. カラーの向きを考えて持ち、ハランを半分にカットしたものを添える。

3. カーネーション、ダリアをカラーの下に入れる。

4. ミモザを②にそえる。

5. ①のドラセナを結束部分の上あたりに入れる。

6. ヒペリカムを入れカーネーションの隣に合わせ、最後にベアグラスを丸めて空間を作り結束して完成。

空間を活かすエアリーブーケⅢ

大きく存在感のあるユリの花に枝物で動きとラインを加えたエアリーブーケです。
枝と葉を効果的に使い、ブーケに躍動感を作り出しましょう。

制作前の準備

・バラの枝、金ヤナギ、エボタ、フェイジョアは使用する長さで切り分ける。

・バラの枝は余分な枝や葉を取る。

・チューリップは矯める。

習得すべきポイント

・枝の余分な葉を取り除き作るエアリー感

使用するテクニック

・枝を間引く、矯める、切り分ける、

・花を矯める、切り分ける。

Flower & Green

ユリ…1
アルストロメリア…1
ドラセナ…1本
チューリップ…1
フェイジョア…1
金ヤナギ…2

デンファレ…1
バラの枝…1
イボタ…1

1. ユリとバラの枝を組み合わせる。

2. 花を傷めないようにアルストロメリアをユリ
　の間に入れる。

3. チューリップは茎の流れを見ながら長め
　に入れる。

4. デンファレ、ドラセナを根元に入れる。

5. 金ヤナギを矯めてから入れ、イボタ、フェ
　イジョアを根元に入れて結束して完成。

assignment 11
空間を活かすエアリーブーケIV

三角形に折ったフトイや丸めたベアグラスを複数使い、ブーケにユニークな動きとフォルムを演出しています。自然界にないフォルムを使い表現の幅を広げてみましょう。
ミモザは葉をすべて取り小さな花の存在を際立たせることで、色と存在感が高まります。

習得すべきポイント
・折ったフトイをブーケに活かし、葉物で空間を作る

使用するテクニック
・枝を切り分ける。
・葉を丸める、矯める、切り分ける。

制作前の準備
・ミモザは短く切り分ける。
・フトイを持ち手部分を残して折って三角形を作り、
　ワイヤーで留める。

Flower & Green

チューリップ…5	フトイ…7
スイートピー ピンク…3	ハラン…1
スイートピー パープル…3	ルスカス…1
ダリア…3	ドラセナ…5本
ヒペリカム…3	ベアグラス…15
ミモザ…1	ドラセナ…1

1. ミモザの葉をすべて取り除き、花だけにする。

2. ドラセナの葉を丸めておく。

3. 三角形に折ったフトイの持ち手部分を持ち、写真のようにそれぞれの三角形がずれるように重ねる。

4. ③のフトイの間にスイートピー、ダリアを入れる。フトイの間に挟み込むように。

5. ④にチューリップ、ミモザ、丸めたベアグラスを数本入れる。ミモザはスイートピーの間に入れる。

6. ミモザの横にヒペリカムを入れ、ダリア、ハラン、ルスカスなどはブーケから飛び出すように入れていく。

7. ②のドラセナを結束部分に添えて、残っているベアグラスをまとめて大きな輪で空間を作り、結束して完成。

空間を活かすエアリーブーケⅤ

中心はマスでありながらエアリーに仕上げるブーケに挑戦しましょう。
マス部分と高さを出す部分の2段階の構造です。
葉を間引いたアンブレラファーンと花のバランスも考えて制作します。

習得すべきポイント

・中心のマスブーケのように組んだブーケをエアリー
　に仕上げる

・ドラセナのユニークな花色を見せる

使用するテクニック

・葉を間引く、丸める、矯める、カットする。

・クッショングリーンの使用。

制作前の準備

・アンブレラファーンの葉を間引く。

・ドラセナの葉を丸めて留める。

・ドラセナ'ハワイアンフラッグ'を縦半分にカットする。

Flower & Green

ガーベラ…3

ラナンキュラス…3

スイートピー2種…5

アンブレラファーン…3

ドラセナ'ハワイアンフラッグ'‥1本

ドラセナ…1本

デルフィニウム…1

1. ガーベラの花に丸めたドラセナを当てながらマスを作る。

2. ラナンキュラス、デルフィニウムを①に合わせ、スイートピーを全体に入れて、フラワークッションにする。アンブレラファンファーンの葉を軽く間引いたものを入れる。

3. 大きめのドラセナ'ハワイアンフラッグ'を横に添え、残っているドラセナを全体に合わせ結束して完成。

assignment 13
キャスケードブーケ I

タニワタリで大きく流れを作ったキャスケードブーケ。しっかり矯めたカラーと
曲線のアリウムを活かしてで動きと変化を出します。動きのあるキャスケードを学びましょう。

制作前の準備
- タニワタリ1枚は下部を葉柄を残してカットする。
- ドラセナ、残りのタニワタリを丸めて留める。
- カラーを矯める。
- バラ、チューリップ、ラナンキュラスの葉を外す。

習得すべきポイント
- キャスケード部分に使う花を矯めて形作る

使用するテクニック
- 葉を矯める、丸める。
- 花を矯める。
- クッショングリーンの使用。

102　花制作／野村季世子

Flower & Green

カラー…5　　　　　　　　ドラセナ…2本
チューリップ…5
バラ…6
ラナンキュラス…3
アリウム'スネークボール'…3
タニワタリ…5

目標制作時間

40 min.

1. ラウンドの真ん中からバラ、ラナンキュラスでドラセナをクッショングリーンにして束ねていく。

2. バランスをみてカラーを入れ、ドラセナをさらに添える。カラーは必ず葉をそえてから入れる。

3. ③に丸めたタニワタリも合わせてラウンドになるようにする。

4. ラウンドの部分を作り終えたところ。

5. 右に流すキャスケード部分にカラーとチューリップを入れていく。

6. ⑤の下にカバーグリーンとして丸めていないタニワタリを添える。

7. 動きを出すラインのアリウム'スネークボール'を入れて完成。

assignment 14

キャスケードブーケ II

キャスケード部分を花の長さを変えて作ってみましょう。カラーは事前にイメージを明確にして、
矯めておくことが大切です。中心部分にキキョウランを丸めたパーツを入れることで、
花だけを使用するブーケとは違い、ボリューム感を出すことが可能になります。

制作前の準備

・キキョウランを10枚程度丸めてホチキスで留める。

・カラーを矯める。

・トルコギキョウを切り分ける。

習得すべきポイント

・カラーの扱い

・花の長さを変えて作るキャスケード

使用するテクニック

・葉を矯める、丸めて留める。

・花を切り分ける。

Flower & Green

カラー…6
トルコギキョウ…1
タニワタリ…2
レモンリーフ…2
キキョウラン…3本

目標制作時間

30 min.

1. キキョウラン10枚はこのように丸めて加工する。

2. カラーとキキョウランを持つ。

3. ①の丸めたキキョウランを2、3本入れる。カラーの長さに差を出し、流れを作っていく。

4. トルコギキョウを②の上に入れる。

5. 花材を入れ終わったら手元に近い部分に残っている①を添える。

6. 花の間からも丸めていないキキョウランが飛び出すように入れる。

7. 花材がバラつかないように最後にレモンリーフでおさえるようにして結束して完成。

コンストラクションを使用したブーケⅠ

手に入れやすいアカヅルは、はじめてのコンストラクション制作に最適です。
コンストラクションに合わせて花材を組んで仕上げましょう。

習得すべきポイント

・アカヅルで作るコンストラクション

制作前の準備

・アカヅルを切り分ける。

・ドラセナを丸めて留める。

・アンスリウムを矯める。

使用するテクニック

・葉を丸める。

・茎を矯める。

・コンストラクションを作る。

Flower & Green

バラ…4	赤ヅル…1
ラナンキュラス…5	
アンスリウム…3	
リューカデンドロン…2	
グニユーカリ…1	
ドラセナ…2本	

1. アカヅルを適当な形に丸め、ワイヤーで1ヵ所留め足をつけておく。

2. バラとドラセナで①のなかに入れてブーケの中心を作る。

3. ラナンキュラスを追加する。高さはバラに合わせる。

4. リューカデンドロンをオールラウンドを意識しながら合わせる。

5. 先端が広がるようにグニユーカリを入れる。

6. ドラセナを結束部分に入れる。

7. アンスリウムを入れる。1本は長めに、もう1本は短めにいずれも横向きに合わせ結束して完成。

コンストラクションを使用したブーケⅡ

コンストラクションを使用することで、通常のブーケでは合わせにくい花を組み合わせたブーケを
作ることができます。ここではレッドウィローを八の字に丸めて作るコンストラクションを
習得しましょう。アジサイはメインの花であり、クッションフラワーの役目も果たします。

制作前の準備

・レッドウィローの矯め、コンストラクション作り。

・キキョウラン、ドラセナの一部を丸めて、留める。

・どの花材も結束部分より下の葉を取る。

習得すべきポイント

・枝で作るコンストラクション

・花の高低差をつける

使用するテクニック

・コンストラクションの使用。

・枝を矯める。

Flower & Green

アジサイ…1	ユーカリ…1
アイリス…3	レッドウィロー…2
キキョウラン…1本	キイチゴ…1
キク…2	
ドラセナ…4本	
スターチス…2	

目標制作時間

30 min.

1. レッドウィロー2本を下の太い部分を30〜40cmほどカットし、上から10cmの部分を左手で持つ。そこに残ったレッドウィローを重ねる。枝先を横向きの八の字型にランダムに丸め、握っている部分をワイヤーで留めて、コンストラクションを作る。

2. ①の中心にアジサイを、後ろ側にキイチゴを添える。キイチゴはコンストラクションのなかに入れる。

3. アジサイの左右と後ろにアイリスをバランスを見ながら合わせる。後ろのアイリスだけコンストラクションのなかに入れ、高さを出す。右のアイリスの後ろに丸めていないドラセナを添える。

4. キクを左右のアイリスの横に入れる。足元はコンストラクションに入れる。

5. スターチスをアジサイの手前に入れ、ドラセナをコンストラクションのなかに入れる。

6. キキョウランを全体を見ながらコンストラクションのなかに入れる。丸めたものはクッションにし、長いものは横になるように角度をつけて入れる。

7. ユーカリを全体を見ながら、横になるようにコンストラクションのなかに入れる。レッドウィローの細い枝の曲線を整え結束して完成。

コンストラクションを使用したブーケⅢ

ニューサイランのコンストラクションは、割く、折るというテクニックを駆使して制作します。厚みと張りがあるため作りやすいのが特徴。葉の色に合わせて花材を選びましょう。

習得すべきポイント

・葉物で作るコンストラクション

・ニューサイランの活用

制作前の準備

・ニューサイランを割く。

・ドラセナを丸めて留める。

・キクの葉を外す。

使用するテクニック

・コンストラクションの使用。

・葉を割く、折る、丸める。

・クッショングリーンの使用。

Flower & Green

ドラセナ…8
ニューサイラン…8
カーネーション…7
キク…4

1. ニューサイランを割いてそれぞれを折る。
　 途中を割いて穴を開け、挿し込み編むよ
　 うに構成する。

2. ①の中心に穴が開くようにして、そこに
　 カーネーションとドラセナをラウンドになる
　 ように挿していく。

3. ②にキクも入れ、こんもりとした形になる
　 ように整え、花の外側にはドラセナを合
　 わせる。

4. 丸めたドラセナで花とニューサイランをお
　 さえながら束ねていく。

5. 花の上を渡すようにニューサイランを左右
　 に挿し込み空間を作って、結束して完成。

マスブーケ

葉物を多く使ったマスブーケ。クッ
ショングリーンを豊富に使うこと
で、ブーケ全体にボリューム感が
出ます。1本だけ高く入れたルスカ
スがポイント。

エアリーブーケ

緩やかな枝の曲線を描くコデマリ
は矯めが効くので、ラインを強調す
るために余分な花と葉を取り除き
目立たせます。アオモジは切り分
けてブーケの中心に束ねています。

キャスケードブーケⅠ

チューリップやカラーは矯めが効く
花材です。しっかり矯めてから、
形を整えたカバーグリーンのハラ
ンとともにキャスケード部分を作り
ます。1本だけ反対方向に向いて
いるチューリップの存在がブーケ
のアクセントです。

花制作／野村季世子

キャスケードブーケⅡ

花の量を抑えたキャスケードブー
ケです。中心部にミモザとカール
させたミスカンサスを入れること
で賑わい感が増し、花の少なさ
が気にならないデザインとなりま
す。カラーの曲線に合わせて、ミ
スカンサスもキャスケード部分に
入れます。

コンストラクションⅠ

アオモジのコンストラクションを使
用したマスブーケです。ドラセナの
クッショングリーンをたくさん使う
ことで、高さを出しています。

コンストラクション II

横に長いコンストラクションを作る
ことで、デザインに方向性が生ま
れ、流れを感じさせるブーケにす
ることができます。

コンストラクションⅢ

藤ヅルで作ったコンストラクション
は、上部に大きなループをいくつ
も作ったユニークなもの。中心の
花は藤ヅルの間から見えるように
組んでいきます。このブーケのよう
にコンストラクション自体を見せる
デザインにすることも可能です。

目指せマスター！
目標制作時間の目安つき

アレンジメント制作の
基本スタイル

「縦・横・円」を意識してデザイン構成する手法でアレンジメントを制作します。
3つのパターンを理解しそれぞれの基本制作方法をマスターすることで、
葉物、枝物を含めたフラワーデザインを発展させることができ、
花の魅力を活かした作品を作ることができます。

アレンジメントの基本のスタイル
縦型1点集中

花材を1点に集中して挿し、縦のラインを強調するスタイル。
存在感や緊張感が出るため、印象の強い作品となる。
奥行きのない狭い空間などに向く。

assignment 18
葉物のみで作る縦型1点集中のアレンジメント

制作前の準備

- ニューサイラン1枚は挿しやすいよう
  に下部をカットして葉柄を残す。
- ニューサイラン2枚は細く割く。
- ハラン、割いたニューサイランを丸
  めてホチキスで留める。
- モンステラの下部をカットし、葉を小
  さくする。

Flower & Green

ニューサイラン…3
ハラン…2
モンステラ…2
アスパラガス…適量

25
min.

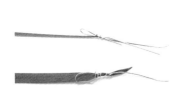

1. ニューサイランの割いたものは、フローラルフォームに挿し難いので、端を写真のようにワイヤーで処理しておくとよい。

2. 丸めていないニューサイランをフローラルフォームの中心にしっかりと立てる。

3. 丸めたハラン、短くカットしたアスパラガスを、足元に挿す。

4. ニューサイランを割いて丸めてホチキスで留めたパーツを作り、入れる。

5. 下部をカットしたモンステラを横に広がるように挿して完成。

アレンジメントの基本のスタイル
縦型多点

花材を並列で上向きに挿すことで、
少ない花材や狭い空間でも効果的に縦のラインを強調でき、
力強く変則的なアレンジが可能に。
奥行きのない狭い空間に向いている。

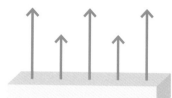

assignment 19

葉物でアウトラインを作る縦型多点のアレンジメント

制作前の準備

- ニューサイランの先端を丸めてホチ
  キスで留める。
- タニワタリの下部をカットし、葉柄を
  出す。
- ドラセナ・ゴッドセフィアーナは葉を
  間引き、短くカットする。
- ピットスポラムは使用する長さで切
  り分ける。
- ラナンキュラス、バラの葉を取る。

Flower & Green

バラ…5
ラナンキュラス…3
レースフラワー…3
ニューサイラン…5
タニワタリ'エメラルドウェーブ'…4
ドラセナ・ゴッドセフィアーナ…3

ピットスポラム…2

20 min.

1. 丸めたニューサイランや、タニワタリで全体のアウトラインを作る。このときフローラルフォームに上方向にまっすぐに挿す。

2. ドラセナ・ゴッドセフィアーナとピットスポラムで足元を隠しながら、作り込む。

3. バラ、ラナンキュラスで高低差をつけて空間を作る。①と同様に挿す。

4. レースフラワーはアクセントにするため、斜めに挿して完成。

アレンジメントの基本のスタイル
横型1点集中

花材を1点に集中させて挿し、横方向への広がりを強調するので
安心感ある印象に。高さのない空間に飾ることに適している。
枝振りの美しさを活かすデザインに向いている。

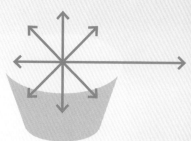

assignment 20

葉物のみで作る横型1点集中の
アレンジメント

制作前の準備

・ドラセナ、キキョウラン1本は丸めて留める。

・サントリーナは短く切り分ける。

Flower & Green

キキョウラン…2本
ドラセナ…1本
クロトン…1
サントリーナ…適量

目標制作時間

25
min.

1. ドラセナを1枚右横に葉先が流れるように挿す。丸めたドラセナで残りの側面を挿し、アウトラインを作る。

2. クロトンの下部を葉柄を残すように切り込む。

3. 葉先をやや右へ流れるように②のクロトンを中心に挿し、ドラセナの間に丸めたキキョウランでフローラルフォームを隠すように埋める。流れの部分や動きを出す部分にはまっすぐなキキョウランを挿す。

4. 中心部のフローラルフォームが見えている部分にはサントリーナを挿し、埋めていく。

アレンジメントの基本のスタイル
円型1点集中

花材を1点に集中して挿し、一定方向に円を描きながら
放射状にアレンジするスタイル。
円のラインが強調され、和みを感じさせるスタイル。

assignment 21

高さのある円型1点集中のアレンジメント

制作前の準備

・ドラセナ、ニューサイランを丸めて留める。
・カーネーションは1輪ずつに切り分ける。
・バラの葉を上だけ残して取る。

Flower & Green

バラ2種…各3
カーネーション…3
ニューサイラン…8
ドラセナ…1本
レモンリーフ…1

目標制作時間

25 min.

1. 最初の主軸となるバラ3本を、回るような
　流れをイメージして均等に入れる。

2. 足元にドラセナ、バラ3本を入れていく。
　最初のバラ3本と同じ方向になるように
　入れるのがポイント。

3. ドラセナとバラの間にカーネーションを挿
　し、ニューサイランも丸めて入れる。花材
　の間を埋めるように挿す。

4. 最後にニューサイランを花の流れに合う
　ように葉先を意識して挿して完成。

複合的なミックススタイル

基本スタイルを組み合わせることで、深みのあるアレンジメント
制作が可能になります。使用する花材の種類、量によって、仕上
がりが変化します。

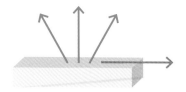

縦型1点集中＋横型1点集中

挿す位置を1点に集中させ、高さと横の広がりを意識し
ながら制作するスタイル。

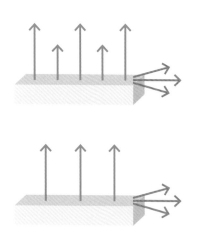

縦型多点＋横型1点集中

縦と横の構成の組み合わせでダイナミックに見せるスタイ
ル。

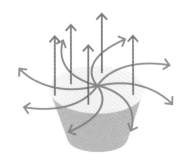

縦型多点＋円型1点集中

上に並列に挿す縦型多点と、その周囲に円を描くように
放射状に挿すスタイルの組み合わせ。

特に縦（高さ）を強調した縦型1点集中＋横型
1点集中のミックススタイル。横への流れは少し
抑えめにしているが、全体的に広がりを持つデ
ザイン。

縦型多点＋横型1点集中のミック
ススタイル。右のユキヤナギで横
への流れを作り、あとは高低差を
つけた縦型多点で制作。

アレンジメントの基本のスタイル
3つのリース

assignment 22

リース型のフローラルフォームを
使ったリース

Flower & Green

ガーベラ'メンゾ'…3	オリーブ…1
ミニガーベラ…3	
グニユーカリ…2	
ミセバヤ…5	
バラ'アベニール'…3	
レザーファーン…2	

1. ガーベラ'メンゾ'の茎を2cm程度にカットし、茎のなかに#20のワイヤーを挿し込み、茎の長さでワイヤーをカットする。ガーベラはすべて同様の処理をする。

2. ①のガーベラ'メンゾ'をφ20cmのリース型フローラルフォームにまっすぐ下に挿す。

3. ②の隣りにガーベラ'メンゾ'を1本挿し、対称となる位置にも1本挿す。

4. ガーベラ'メンゾ'3本が挿し終わったところ。

5. バラの茎も2cmにカットし、3本がそれぞれガーベラの隣になるように挿す。

6. ミセバヤを細かく切り分ける。左が切り分け前、右が切り分けた後。

7. ⑥のミセバヤをフローラルフォームの側面から挿していき、表側の花が入っていない部分も挿していく。

8. ミセバヤを挿し終わったところ。

9. ミニガーベラ3本もガーベラ'メンゾ'同様に2cm程度にカットしワイヤーを入れて、フローラルフォームに3本挿す。

133

リース型のフローラルフォームは側面部分も見えるので、
葉物の量を多めに用意する必要があります。

10. レザーファーンを細かく切り分ける。左が切り分け前、右が切り分けた後。

11. ⑩のレザーファーンをフローラルフォームの外側や内側から花の下に挿し、フローラルフォームを隠していく。

12. グニユーカリを3〜6cmの長さで切り分ける。左が切り分け前、右が切り分けた後。

13. リース全体に動きを出すように意識しながら、グニユーカリを挿していく。

14. オリーブを枝で切り分け、さらに2、3cm程度まで細かく切り分ける。

15. オリーブをガーベラの周りに葉先が見えるように挿して完成。

assignment 23

蔓のリースベースを使うリース I

蔓など自然素材から作られているリースベースに、花材を挿して作る手法です。
生花からドライフラワーになる花材を使用して長く楽しむことができるリースです。
春らしいミモザだけで仕上げています。

Flower & Green

ミモザ…5

1. ミモザの枝を花のついている部分で切り分ける。

2. ①をミモザの花が上部についた状態で10〜15cmに切り分ける。多めに用意する方がよい。

3. φ20cmのヤナギのリースベースに②のミモザを2、3本重ねる。

4. ミモザを重ねるときは、ミモザの花がきれいに見えるような向きで重ねる。同じ枝でも向きによって、花の印象が大きく変わる。

5. ③のミモザの葉の部分に#20のリースワイヤーを重ねて、リースベースと合わせて、2周ほど巻きつけて固定する。

6. ⑤と同様にミモザを3本おいてリースワイヤーで巻きつけて固定する。リースベースの外側、中心、内側の順でミモザを配置し、リースワイヤーで巻きつけて固定する作業を繰り返す。追加するミモザの葉は花の下に配置し、葉を目立たせない。

7. ミモザをリースベースの半分程度まで留めたところ。リースベースの面だけでなく、外側、内側もボリュームが出ていることを確認する。

8. 写真のような段階では、⑤の作りはじめのミモザの下から花を足して作っていく。

9. ミモザをすべて留めたら、リースワイヤーを縛ってカットする。カットしたワイヤーはリースベースの裏側に。

10. ⑨のリースワイヤーをリースベースの裏側のツルの間などに挿し込み完成。壁に掛ける場合は、リースの上下を決めて、ワイヤーなどでフックを作る。

137

蔓のリースベースを使うリースⅡ

ワイヤーで作ったパーツをリースベースに留める作り方です。
繊細な花材を使用する場合はこの方法で制作しましょう。
質感が愛らしいスモークツリーのリースです。

Flower & Green

スモークツリー…10
ネベリア・クラスタースター…10

40
min.

1. スモークツリーは葉を取り、ふわふわとした花柄の部分を8cm程度カット。

2. カットしたスモークツリーを5～10本程度束ねて、ワイヤー（#24か#26）で留める。この束を20束ほど用意する。

3. ネベリア・クラスタースターも同様に5～8cm程度にカットし、花が2～4輪あるように束ねる。この束を12～15束ほど用意する。

4. φ20cmのヤナギのリースベースに②を2束ほどワイヤー（#24か#26）で巻きつけて固定する。スモークツリーのふわふわした花柄が少しベースからはみ出る位がかわいらしい。

5. ④のスモークツリーの茎の部分の上に、③の束を1束のせて、さきほどと同様にワイヤーで巻きつけて固定する。

6. ④と⑤を繰り返し、リースベースに留めていく。スモークツリーの花柄ができるだけ均等になるようにし、足りなくなった場合はスモークツリーの束を追加して留めて仕上げる。

7. 吊るすためのフックを作る。リースの裏側にあるワイヤー部分（図の矢印）に#24のワイヤーを通し、折り曲げる。

8. ⑦のワイヤーで輪を作って上部をねじり留め、余分なワイヤーをカットして完成。掛けることができるようにしているが、棚などに置いて飾っても楽しめるデザインに。

目指せマスター！
目標制作時間の目安つき

葉と枝使いでグレードアップ！
アレンジメント基本編

基本のアレンジメントのスタイルを徹底的に習得しましょう。
葉と枝を使って作ることで、ボリュームとクオリティがより高く、
グレードアップした作品になります。

葉物を活かす縦型1点集中のアレンジメントⅠ

バラとカーネーションという一般的な花材に、3種の葉物を合わせて制作しています。
花の向きを意識してフローラルフォームに挿し、丸めたニューサイランを
花の間に入れることで、空間を作っています。

制作前の準備

・ドラセナ、ニューサイランを丸めて留める。

・丸めないニューサイランは矯めて整える。
　レモンリーフは下の葉を外す。

・カーネーションは切り分けて1輪ずつにする。

・バラの葉を取る。

バラ2種…各3
カーネーション…3
ニューサイラン…8
ドラセナ…1本
レモンリーフ…1

25
min.

1. バラ2本を挿す。1本は高い位置に、もう1本は最初に挿すバラの1/3程度の位置に花がくるように挿す。

2. 巻いたドラセナ、レモンリーフでフローラルフォームを隠す。平面的にならないように挿す。

3. ド丸めていないドラセナ、ニューサイランをリズミカルに入れて動きを出す。

4. 黄色のバラ、カーネーションを葉物の間に挿して完成。

葉物を活かす縦型1点集中のアレンジメントⅡ

シンプルな構造のアレンジメントですが、フリル状の花が複数あるスイートピーを使うことで、
少ない花材でも雰囲気を出せます。ガーベラにはワイヤーを入れています。
カールさせたミスカンサスをアレンジのなかにナチュラルにあしらいましょう。

制作前の準備

・ドラセナを丸めて留める。
・ミスカンサスはペンなどに巻きつけてカールさせる。

Flower & Green

スイートピー…12
ガーベラ…8
コアラファーン…2
ドラセナ…1本
ミスカンサス…10
レースフラワー…2

目標制作時間

20
min.

1. スイートピーを二等辺三角形を意識して挿す。

2. スイートピーをさらに足していく。①の3点をつなげていくようなイメージで挿す。

3. 丸めたドラセナでフローラルフォームを隠していく。ドラセナの間に切り分けたレースフラワー、コアラファーンを挿す。

4. バランスを見ながらガーベラを1本は高く、もう1本はスイートピーと1本目の間をつなぐ高さに挿す。

5. 残りのガーベラでアウトラインを作るように挿す。仕上げにカールさせたミスカンサスで曲線を目立たせるように花の間に挿して完成。

葉物を活かす縦型1点集中のアレンジメントⅢ

個性的で存在感のあるレネゾーン2本を高低差を出して使用します。
レネゾーンの葉の処理と少ない花と、バランスよく配置しましょう。

<u>制作前の準備</u>

・レネゾーンの下部をカットし、
　2枚の長さを変える。

・コアラファーンを切り分ける。

・スイートピーを切り分ける。

Flower & Green

レネゾーン…3
レースフラワー…2
スイートピー…2
コアラファーン…1

1. 下部をカットしたレネゾーンを挿し、その前に少し短いレネゾーンを葉先が右上になるように挿す。

2. ①の裏側にもう1本レネゾーンを写真のように挿し、葉を前に出し①の根元を隠すように流す。

3. コアラファーンで3本目のレネゾーンを挿したところをフローラルフォームを隠す。

4. 流したレネゾーンの葉先をUピンで留め、2本のレネゾーンの前に空間を作る。

5. 正面にレースフラワーを2本、茎の流れを見て④の空間に挿す。

6. レースフラワーの下の方にスイートピー、コアラファーンを挿して完成。

葉物を活かす縦型1点集中のアレンジメントⅣ

丸めた葉を目立たせるために、花の量を抑えたデザインです。
高い位置のドラセナ、八の字に丸めたミスカンサスが花と重ならないように配置しましょう。

制作前の準備

・丸葉ルスカスは下の葉を取る。
・ガーベラにワイヤーインソーションを
　する。

Flower & Green

ドラセナ…2本
ガーベラ2種…5
ミスカンサス…5
デルフィニウム…1
丸葉ルスカス…3

1. ガーベラ2本と写真のように茎つきの巻いたドラセナを同じ高さにならないように挿す。

2. ドラセナを1枚ずつ茎から外し、ホチキスで留めて葉先を出したものと出していないものの2種類を作る。

3. 巻いてホチキス留めしたドラセナを足元に入れてフローラルフォームを埋める。その間にデルフィニウムを挿す。

4. ミスカンサス2本を八の字に巻き、ホチキスで留める。

5. ④のミスカンサスを高低差や向きに変化をつけて挿す。

6. 低い位置にガーベラ3本を挿して完成。

葉物を活かす縦型1点集中のアレンジメントⅤ

花と葉物でアウトラインを構成したアレンジメント。
アウトラインの先端が広がらないようにし、左右非対称のフォルムを
バランスよく見えるように仕上げましょう。

制作前の準備

・ドラセナを丸めて留める。

・キキョウランを矯める。

・トルコギキョウを切り分ける。

トルコギキョウ2種…各3
チューリップ…6
ナデシコ'テマリソウ'…3
ドラセナ'ハワイアンフラッグ'…1本
ドラセナ赤…1本
キキョウラン…1本

目標制作時間

30
min.

1. トルコギキョウ（白）を縦に長い二等辺三角形を意識しながら、長さを決めて挿す。

2. やや左の足元に短くカットしたトルコギキョウ（ピンク）を入れる。

3. チューリップを左右の色のバランスを見ながら全体に挿す。左右非対称である方がバランスよく見える。

4. ナデシコ'テマリソウ'を花と花の間をつなぐように挿す。正面のトルコギキョウの後ろになるように、茎がついたままのドラセナ'ハワイアンフラッグ'を挿す。

5. キキョウランで高さと動きを出すように挿して、フローラルフォームを隠すように丸めたドラセナ赤を挿し、'ハワイアンフラッグ'を右側に数枚挿して完成。

葉物を活かす縦型1点集中のアレンジメントVI

カールさせたり、丸めたりした葉物をふんだんに使用したアレンジメントです。
花の間に葉物を美しく入れて仕上げましょう。

制作前の準備

・ドラセナは半分ほど丸めて留める。
・デルフィニウム、アルストロメリアを切り分ける。

Flower & Green

アルストロメリア…3
デルフィニウム…3
ハラン…2
キキョウラン…5
ミスカンサス…7
ドラセナ2種…各2本

目標制作時間

35 min.

1. ミスカンサスをペンに巻いてカールをつける。ハランも同様にカールさせる。

2. ①のハランを1本は高く2本目は添わせるように足元に挿す。

3. フローラルフォームの側面にドラセナを入れる。

4. 葉物の流れを考慮しながら、アルストロメリアとデルフィニウムを高さや方向を少しずつ変えて入れる。

5. カールしたミスカンサスとキキョウランを全体に入れて完成。

枝物を活かす縦型1点集中のアレンジメント I

モクレンのような枝物は、枝を斜めに大きく切り落とし、
フローラルフォームにしっかりと挿して固定します。モクレンの留め方を習得しましょう。

<u>制作前の準備</u>

- モクレン、ミモザスイートピー、アルテルナンテラは使用する長さで切り分ける。
- キクの葉は下部分を取り除く。

Flower & Green

モクレン…2
キク…3
アルテルナンテラ…4
アカシア…3
スイートピー…6

1. モクレンを左寄りに挿し、その枝に添うように1本を手前へ、さらにもう1本を右端に低めに挿す。枝が動かないようにしっかり挿す。

2. ①のアウトラインに、つながるように短めのモクレンをさらに挿していく。

3. キクとミモザの枝をモクレンの間に高低差をつけて挿す。

4. 周りの花材とのつながりを見ながらミモザでフローラルフォームを隠す。

5. スイートピーを左側に数本は高さを出し、残りはまとめて入れる。アルテルナンテラを長いモクレンに合わせて1本挿し、フローラルフォームの前面には短めにまとめて挿して完成。

枝物を活かす縦型1点集中のアレンジメントⅡ

インパクトのあるストレリチアを活かしながら、アオモジでアウトライン構成した
アレンジメントです。アオモジは矯めが効きやすく、扱いやすい枝物です。
高さのある枝と短く切り分けた枝をバランスよく使いましょう。

制作前の準備

・アオモジを切り分けて矯める。

・ニューサイランを丸めて留める。

・キクの葉を取り除く。

・スプレーギクを切り分ける。

Flower & Green

アオモジ… 1
ストレリチア…3
キク…4
スプレーギク…2
ドラセナ'ソングオブジャマイカ'…2本
ニューサイラン…4

目標制作時間

20
min.

1. 矯めたアオモジを写真のように挿す。

2. ストレリチアを高低差をつけて挿す。

3. キクをストレリチアの足元へまとめて挿す。同じ高さにならないよう。少し高低差をつける。

4. 全体のバランスを見ながらフローラルフォームを隠すようにアオモジを足していく。

5. スプレーギクを1本は高く、残りは足元に入れる。

6. ニューサイランを①のアオモジに添わせるよう高く入れ、丸めたニューサイランを足元に入れていく。

7. ドラセナを左の足元に挿し、切り落とした短いアオモジも足していく。

8. 全体のバランスを見ながら丸めたニューサイランを足し、アウトラインのアオモジを整えて完成。

枝物を活かす縦型1点集中のアレンジメントIII

ネコヤナギを矯めて形作り、全体を作っていくアレンジメントです。
ネコヤナギの枝の流れに注意して、アウトラインを作っていきましょう。

制作前の準備

・ネコヤナギは枝を切り分けて矯める。

・ガーベラにワイヤーをインソーションする。

・ユーカリ、スイートピー、ソリダコを使用
　する長さで切り分ける。

Flower & Green

ネコヤナギ…3
ユーカリ…3
ソリダコ…3
ガーベラ…5
キンギョソウ…3
ドラセナ…2本
スイートピー…6

目標制作時間

30 min.

1. アレンジの中心に、矯めたネコヤナギの枝をラインの美しく見える向きを考えて、左奥に挿す。

2. ①の横に短くカットしたネコヤナギを高低差と角度をつけて挿す。

3. ネコヤナギとのバランスを考えながらキンギョソウを挿す。

4. ガーベラを花の向き、長さを少しずつ変え、バランスをとりながら挿す。

5. ドラセナでガーベラとネコヤナギのアウトラインをつなぐように挿す。

6. ユーカリをフローラルフォームにバランスよく挿していく。

7. スイートピーをフローラルフォームを埋めるように挿す。

8. ソリダコを挿し、全体を整えて完成。

159

葉物を活かす縦型多点のアレンジメント I

さまざまな葉物を中心としたアレンジメントの習得です。まず、アウトラインを構成し、
中心部にも葉物を多く。葉物の多様なフォルムを活かすことで、
花の量を抑えても見応えのある作品を作ることができます。

制作前の準備

・ドラセナ・ゴットセフィアーナは切り分け、
　上部は葉を間引く。

・ピットスポラム、オキシペタルムを切り分ける。

Flower & Green

ラナンキュラス…5
カーネーション…1本
オキシペタルム…2
ドラセナ・ゴットセフィアーナ…5
ニューサイラン…1
ピットスポラム…2

1. 葉を間引いたゴットセフィアーナは流れを
つけるように矯める。

2. ゴットセフィアーナを2本左右に立てて、
足元は低く挿す。ニューサイランもゴットセ
フィアーナ同様、矯めてから使う。

3. ピットスポラムを足元に挿し、フローラル
フォームを隠す。

4. グリーンで十分にフローラルフォームを隠
した後、カーネーション、ラナンキュラスを
挿す。同じ高さで花が並ばないように、
高低差をつけることを意識する。

5. オキシペタルムを低めの位置にポイントと
なるように挿して完成。

葉物を活かす縦型多点のアレンジメントⅡ

葉物を間引いたり、矯めることで美しいラインを作り、アウトラインを作ることを
マスターしましょう。葉物のラインで高さを出すことで軽やかな雰囲気に仕上がります。

制作前の準備

・丸葉ルスカスは、下葉を取る。
・ピットスポラム、デルフィニウムは
　使用する長さに切り分ける。
・ドラセナの一部を丸めて、留める。
・キクの下部分の葉は取る。

丸葉ルスカス…3
ミスカンサス…5
ドラセナ赤…1本
ピットスポラム…1
ガーベラ…3
デルフィニウム…2

キク'ロサーノシャルロッテ'…2

目標制作時間

25
min.

1. 丸葉ルスカスは茎を矯めて3本を高い位置に挿す。流れが見えるように。

2. 低めの位置にキクを多少の高低差をつけて挿す。

3. ピットスポラムを足元に挿す。

4. キクとのバランスを考えながらガーベラを挿す。キクに少し隠れる部分を作ってあげるとガーベラの主張が抑えられ、バランスが取りやすい。

5. ガーベラの周りにデルフィニウムを添えるように挿す。丸めたドラセナはフローラルフォームを隠すように挿す。

6. 矯めたミスカンサスと丸めていないドラセナを流れるように挿して完成。

葉物を活かす横型1点集中のアレンジメントⅠ

ハランの葉を丁寧に矯めて美しく整えることを習得しましょう。
存在感のあるハランで作品の広がりを作ります。

制作前の準備

・ハランの葉を矯めて整える。

・ドラセナの一部を丸めて留める。

・バラの葉を取る。

・コアラファーン、カスミソウは使用する長さに切り分
　ける。

Flower & Green

ドラセナ…3本
ハラン…6
バラ…7
ラナンキュラス…8
カスミソウ…2
コアラファーン…2

1.　ハランを左右に挿す。

2.　バラを挿す。きっちりと左右対称にしないのがポイント。

3.　茎を短く切ったドラセナを下向きに3枚重ねるようにして挿す。

4.　バラの間にコアラファーンを挿す。

5.　バラの間にラナンキュラスをバランスよく挿す。最後に、カスミソウをアレンジメントのシルエットからあまり飛び出さないよう、ふんわりと入れて完成。

葉物を活かす横型1点集中のアレンジメントⅡ

矯めて曲がりをつけた葉物で動きを出す表現を習得しましょう。
ハランとドラセナの美しい葉色が際立つように、葉物を配置します。

制作前の準備

・ハランを割いて、一回り小さくする。
・デルフィニウムは使用する長さで切り分ける。

Flower & Green

ガーベラ…3
デルフィニウム…2
ドラセナ…1本
ハラン…3

1. ハランを割く。加工をしない状態で使用すると太くボリュームがありすぎるため。

2. 割いたハランを横向きに2枚、縦に1枚挿す。

3. 挿した部分がハランの後ろに隠れるようにドラセナを挿す。

4. ガーベラを挿す。上から見たときに、花の3点のバランスがよくなるようにし、葉と分離しないように気をつける。

5. デルフィニウムの茎を短めにカットし、フローラルフォームを隠すように挿して完成。

葉物を活かす横型1点集中のアレンジメントⅢ

大きなタニワタリを重ねることで、大きな流れを作っていきます。
またしっかりと矯めて曲線を作ったタニワタリ'グリーンウェーブ'でフローラルフォームを隠しています。
花は高低差をつけて仕上げましょう。

<u>制作前の準備</u>

・タニワタリの下部を葉柄を残してカットする。
・タニワタリ'グリーンウェーブ'は矯める。
・バラの葉は取る。
・デルフィニウムは使用する長さで切り分ける。

ラナンキュラス…4
バラ…4
タニワタリ…3
タニワタリ'グリーンウェーブ'…5
デルフィニウム…3

目標制作時間

20
min.

1. 下部をカットしたタニワタリを入れる。

2. タニワタリ'グリーンウェーブ'を丸めて入れる。フローラルフォームを隠すように5本をそれぞれ挿していく。

3. バラを3本だけ短くカットし、右にまとめて3本入れる。長めにとってある1本は左に流すように入れる。ラナンキュラスは全体に散らすように挿す。

4. デルフィニウムを高低差をつけてふわりと全体に挿して完成。

葉物を活かす横型1点集中のアレンジメントⅣ

ニューサイランを剣山を使って割いてみましょう。
糸のようになったニューサイランは、今までとは異なる使い方、見せ方ができる貴重な素材です。

制作前の準備

- タニワタリは下部をカットし葉柄のみにし、縦半分
  を切り分ける。
- ドラセナは丸めて留める。
- アジサイは花だけカットする。
- バラの葉は取り除く。

Flower & Green

ニューサイラン…10
ドラセナ赤…2本
バラ…3
アジサイ…1
タニワタリ…1

1. 半面にカットしたタニワタリを中心に挿す。根元に丸めたタニワタリとドラセナで丸い土台を作り、その中心にニューサイラン1本を指で6等分に割いたものを挿し、大きな輪を作る。

2. 残りのニューサイランを1本ずつ指で細く割く。

3. ②のニューサイランを剣山で糸のように細く割く。

4. ③のニューサイランを3つの束に分け丸めて形作り、ワイヤーをUピン状にしてフローラルフォームの手前にバランスを見ながら留める。

5. カットしたバラとアジサイをフローラルフォームの中心に高低差をつけて入れて完成。

葉物を活かす横型1点集中のアレンジメントⅤ

サクラの枝をメインに使用しています。サクラは余分な枝を落とし、矯めて形作ります。
丸めたアレカヤシの面的な使い方を習得しましょう。

制作前の準備

・サクラを切り分け、矯めて形作る。
・スイートピー、ユーカリは使用する長さで切り分ける。

Flower & Green

サクラ…2
アレカヤシ…1
レースフラワー…3
スイートピー…4
ユーカリ…2
ラナンキュラス…7

目標制作時間

30 min.

1. サクラの枝の根元を割って斜めに切り、枝を横に流して挿す。左は短め、右はその2倍ほどの長さになるように。

2. スイートピーとレースフラワーを中心に挿す。

3. ラナンキュラスとユーカリを中心に挿す。

4. アレカヤシの葉を5枚ほど外して丸める。外した葉は残す。

5. フローラルフォームの左の下部分に④を挿す。

6. フローラルフォームの見えている部分を隠すようにユーカリやスイートピーを挿す。

7. ④で残したアレカヤシをカールさせて全体に入れ、手前にスイートピーを挿して完成。

枝物を活かす横型1点集中のアレンジメントⅠ

枝と葉物で流れを作るテクニックを習得しましょう。
レッドウィローを矯めて作った美しいカーブとカールさせたニューサイランを
組み合わせて生まれた流れを活かします。

制作前の準備

・サンゴミズキを切り分け、矯める。

・ニューサイランは割き、矯めたり、丸めたりする。

・バラは葉を取る。

・ユーカリ、リューカデンドロン、アルテルナンテラは
　使用する長さとボリュームで切り分ける。

Flower & Green

サンゴミズキ…2　　　　　ニューサイラン…4
ユーカリ…1
バラ…5
オキシペタルム…3
アルテルナンテラ…3
リューカデンドロン…2

目標制作時間

25
min.

1. 矯めたサンゴミズキのなかでも長いものを、枝先が左に流れるように挿す。

2. しなやかなサンゴミズキの流れがわかるよう、方向を決めて足していく。

3. バラをサンゴミズキに沿うように挿す。バラの後ろに丸めたニューサイランを挿す。

4. オキシペタルムを足元に入れる。

5. アルテルナンテラを入れる。

6. ユーカリ、リューカデンドロンを足して空間とフローラルフォームを埋めていく。

7. 長めのアルテルナンテラやサンゴミズキを入れて全体の流れを強調する。ニューサイランで曲線のアウトラインを入れて完成。

枝物を活かす横型1点集中のアレンジメント II

矯めたアオモジとキキョウランの扱いが習得ポイントです。
キキョウランの曲線が入ることで柔かな雰囲気に仕上がります。

制作前の準備

・アオモジを切り分け、丸くなるように矯める。

・キキョウランを矯め、丸める。

・トルコギキョウ、ユリは切り分ける。

Flower & Green

ユリ…1
キキョウラン…6枚
キンギョソウ…4
トルコギキョウ…5
アオモジ…2
ブバリア…7

ピットスポラム…2

目標制作時間

20 min.

1. ユリを5パーツに切り分け、3本を左向きに、1本は正面を向くように挿す。

2. ピットスポラムを右横に挿し、フローラルフォームの中央に残りのユリと長めのキンギョソウを上向きに挿す。

3. 残りのキンギョソウを花先の向きを考え、茎の向きを1点集中で全体に挿す。ピットスポラムをユリの間に挿す。

4. 大ぶりのトルコギキョウは存在感があるので、強くなりすぎないようにバランスを見て配置する。

5. 横型の流れを作るために、トルコギキョウを1本だけ右側へ。ブバリアをトルコギキョウに合わせて挿す。

6. キキョウランを入れて全体に流れを作る。キキョウランの一部を丸めてリボンのように添える。アオモジを全体に挿して完成。

Section 6　葉と枝使いでグレードアップ！　アレンジメント基本編

葉物を活かす円型1点集中のアレンジメント I

花の流れでアウトラインを作り、カールさせたキキョウランをアクセントにした作品です。
ドラセナを高く挿すことで、アレンジメント全体が大きく見えます。
花や葉でアウトラインやアクセントをつけることをマスターしましょう。

制作前の準備

・キキョウラン、ドラセナの半数は丸めて留め、残り
　はカーブをつけるように矯める。
・トルコギキョウを使用したい長さに切り分ける。
・チューリップを矯めて整える。

Flower & Green

チューリップ…4
トルコギキョウ2種…6
ガーベラ…5
ナデシコ‘テマリソウ’…5
ドラセナ…2本
ドラセナ赤…1本

ドラセナ
‘ハワイアンフラッグ’…1本
キキョウラン…2本

30 min.

1. チューリップを写真のように円の流れを意識し、4本挿す。

2. トルコギキョウ2種、ガーベラをチューリップのアウトラインをつなぐように入れる。

3. ナデシコ‘テマリソウ’を花の間に挿し、フローラルフォームの右奥に長いドラセナ赤を挿す。左には丸めていないドラセナ赤を挿す。

4. 丸めたドラセナでフローラルフォームの見えている部分を埋めていく。ドラセナの種類はバランスよく挿す。

5. 巻いたキキョウランを花の間に挿しアクセントに、矯めたキキョウランは流れが出るように挿して完成。

葉物を活かす円型1点集中のアレンジメントⅡ

間引いたアレカヤシを最初に挿し、流れとアウトラインを作っていきます。
ラインが際立つ花を合わせることで、アレカヤシの存在が際立ちます。
カラーの矯め、アレカヤシのあしらいをマスターしましょう。

制作前の準備

・アレカヤシの葉先を斜めにカットし、間引く。

・ウーリーブッシュ、ユーカリを短く切り分ける。

・カラーを矯める。

Flower & Green

ユーカリ…3
アレカヤシ…2
カラー…5
ウーリーブッシュ…1
レースフラワー…1
ラナンキュラス…4

目標制作時間

30
min.

1. 葉先を斜めに切り、葉を間引いたアレカ
ヤシを挿す。間引いたアレカヤシは取っ
ておく。

2. カラーをアレカヤシの流れを意識して、ラ
インが美しく見えるように高低差をつけな
がら入れる。

3. ①の間引いたアレカヤシの葉で丸めたも
のを作り、動きを出すラインとして挿す。

4. レースフラワーをアレカヤシとカラーの間
に挿す。

5. ウーリーブッシュ、ラナンキュラス、ユーカ
リなどでフローラルフォームを隠すようにカ
バーして完成

181

枝物を活かす円型1点集中のアレンジメント

葉物を使った円型1点集中の基本的なアレンジメントです。
切り分けたピットスポラムを放射状に挿すことで、ベースとなる形が仕上がります。
カールさせたベアグラスがアクセントになります。

制作前の準備

- ネコヤナギは切り分け、矯める。
- ピットスポラム、ソリダゴ、スイートピーは使用する
  長さで切り分ける。
- バラは葉を取る。

Flower & Green

バラ…8	ベアグラス…30
ピットスポラム…3	
キンギョソウ…4	
スイートピー…8	
ソリダゴ…4	
ネコヤナギ…4	

目標制作時間

30 min.

1. ピットスポラムを使い、円を描くようにフローラルフォームに挿す。

2. キンギョソウをピットスポラムの流れに合わせ挿していく。

3. ネコヤナギを2本挿す。

4. バラをキンギョソウとピットスポラムの間をつなぐように挿し、ソリダゴを左側に挿していく。

5. スイートピーを右側に挿していく。

6. ネコヤナギで円型のアウトラインを整えながら挿す。写真は左側だけを挿したところ。右側には少し長めに挿す。

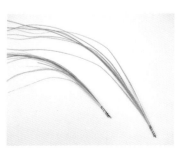

7. ベアグラスを数本ずつワイヤーで束ねる。束ごとにカールさせて全体に挿して仕上げる。

枝物で作るミックススタイルのアレンジメント I

サクラの枝で縦と横に広がりのある縦型1点集中と横型1点集中のミックススタイルを作ります。
枝は切り分けて、余分な枝を落としてから矯めます。サクラの枝の扱いをマスターしましょう。

制作前の準備

・サクラを切り分けて矯める。

・キキョウラン、タニワタリを丸めて留める。

・ユリ、オキシペタルムを切り分ける。

・バラは葉を取る。

Flower & Green

キキョウラン…5枚
タニワタリ…4
ドラセナ…2
バラ…6
ユリー…1
オキシペタルム…3

ガーベラ…9
サクラ…3
ユーカリ…2

1. サクラで縦、横のアウトラインを作る。

2. ユリをサクラの縦のラインに合わせて挿す。

3. 後ろから見た図。丸めたドラセナを後ろに入れる。

4. タニワタリを右側に高低差をつけて挿す。

5. ガーベラを左側に高低差をつけて挿していく。

6. 丸めたキキョウランでフローラルフォームを埋める。

7. バラを右側に挿す。オキシペタルムを前面のガーベラの脇に挿す、ユーカリを入れる。

8. まっすぐなキキョウランを挿して完成。

枝物で作るミックススタイルのアレンジメントⅡ

縦型1点集中と横型1点集中のミックススタイルです。
サンシュユの扱いが習得ポイントです。切り分けてから、矯め、
枝先で流れを作るようにアウトラインを作りましょう。
根元の小花類はまとめて挿すことで、存在感が強調できます。

制作前の準備

・サンシュユを切り分け、枝を間引き、
　矯める。

・ミモザ、スイートピー、アルテルナンテ
　ラを使用する長さに切り分ける。

Flower & Green

サンシュユ…5
シンビジウム…1
アルテルナンテラ…3
ミモザ…3
スイートピー…5
キク…4

1. サンシュユの枝を矯めて思うような形にしてから挿す。

2. サンシュユの枝を右に流れるように矯める。左奥と右をつなげるようなイメージで挿す。

3. 縦の存在感を高めるようにシンビジウムを中心に入れる。

4. キクをバランスを見て挿す。ミモザでフローラルフォームを埋める。

5. ミモザを高低差をつけてつながるように全体に挿す。

6. 左右に高低差をつけながら周りの花とつながるようにスイートピーを挿す。サンシュの小さな枝とアルテルナンテラを入れる。

枝物で作るミックススタイルのアレンジメントⅢ

縦型1点集中と横型1点集中のミックススタイルです。切り分けて矯めたサクラの枝を最初に挿し、それをガイドにほかの花を挿していきます。サクラは咲き進むことを考慮して制作しましょう。

制作前の準備

- サクラを切り分け、矯める。
- コアラファーン、スイートピーは使用する長さに切り分ける。
- チューリップは茎を矯める。

Flower & Green

サクラ…1
チューリップ…6
スイートピー…5
コアラファーン…3
ガマズミ…1
ユーカリ・クロボロス…1

目標制作時間

25 min.

1. サクラでアウトラインを作る。

2. チューリップを中心に入れ右へ段差をつけて6本挿す。

3. サクラをチューリップの間に挿す。

4. ガマズミを空間を埋めるように挿す。

5. スイートピーを高低差をつけて挿す。

6. コアラファーンを入れる。全体のバランスを見てサクラを足す。

7. ユーカリ・クロボロスを入れて完成。

Section 6　葉と枝使いでグレードアップ！　アレンジメント基本編

189

枝物で作るミックススタイルのアレンジメントⅣ

ユーカリは枝だけでなく、葉物のようにも使うことができます。
アオモジのアウトラインに合わせてユーカリを配置し、フローラルフォームはユーカリで隠します。
縦型1点集中と横型1点集中のミックススタイルです。

<u>制作前の準備</u>

・アオモジは切り分け、不要な枝を整理し、矯める。

・ユーカリ、宿根スターチス、スイートピーを切り分ける。

・バラの葉を取る。

Flower & Green

アオモジ…5
ユーカリ…5
バラ…8
宿根スターチス…2
スイートピー…3

1. 切り分けたアオモジを写真のように、上や横に流す枝を挿し、間に小さい枝を挿す。

2. ユーカリを①のアオモジの間に、写真のように長い枝と低い枝を挿す。

3. バラを中心から外側へ挿す。

4. スイートピーをバラの花の間に挿す。バラの花の間に宿根スターチスを散らすように挿して完成。

7

目指せマスター！
目標制作時間の目安つき

葉と枝使いでグレードアップ！
アレンジメント上級編

基本のアレンジメントを習得したら、さらなるステップアップを目指しましょう！
花材の種類を増やしたり、扱いが難しい枝を使用したり、
ミックススタイルにしたり、複雑な構成で見ごたえのある作品を
作れるようになりましょう。

縦型1点集中のアレンジメントの応用 I

折り矯めができる代表的な枝物、ボケを使い、
アウトラインを構成したアレンジメントです。ボケの枝はラインを活かすように切り分けます。

制作前の準備

・ボケ、クジャクヒバを切り分け、枝を
　整理する。
・アサヒハランを矯めて、一部を丸め
　て留める。

Flower & Green

キク…3
ラナンキュラス…5
アサヒハラン…5
ボケ…3
クジャクヒバ…3

1. アウトラインを作るため、ボケにハサミで切り込みを入れて折り矯めをする。ラインの邪魔になるものはカットしておく。

2. 器にフローラルフォームをセットし、写真のように①のボケを挿す。

3. クジャクヒバを②の中心に挿す。枝先の動きを意識する。

4. 巻いたアサヒハランをラインの中心に挿す。フローラルフォームも隠す。

5. キクを中心付近に高低差を出して挿す。前だけではなく後ろにも入れて奥行き感を出す。

6. 最後にラナンキュラスを挿して完成。

縦型1点集中のアレンジメントの応用 II

枝物で空間をダイナミックに見せましょう。枝でアウトラインを作り、
花を高低差をつけて挿すことで、華やかに仕上げます。

制作前の準備

- アオモジを切り分けて矯める。
- ミスカンサスを矯めて丸めて留める。
- コアラファーン、スイートピーを使用する
  長さに切り分ける。

Flower & Green

アオモジ…4
コアラファーン…3
ガーベラ…5
ナノハナ…4
スイートピー…7
ミスカンサス…7

1. アオモジを矯めてから、中心と右側に写真のように挿す。

2. アオモジを左にも右と対称になるように挿す。中心のアオモジの前にコアラファーンを低く挿して、フローラルフォームを隠す。

3. ガーベラを中心の奥に1本挿す。

4. 残りのガーベラ4本を写真のように、高低差をつけてリズミカルに挿す。ナノハナ1本を高めに挿し、残りは短くカットしてコアラファーンの間に挿す。

5. スイートピーもナノハナ同様に2本は高さを出した位置に挿す。

6. 残りのスイートピーはガーベラを囲うように挿し、正面はナノハナの周りに挿していく。スイートピーを入れる。

7. ミスカンサスを丸めてホチキスで留めて4、5パーツを作る。加工しないものも取っておく。

8. 加工していないミスカンサスをそのまま、アオモジの形を見ながら挿し、⑦で加工したミスカンサスも入れる。残ったアオモジも挿す。

縦型1点集中のアレンジメントの応用III

葉物だけで制作したアレンジメントに挑戦しましょう。
ワイヤーをインソーションしたフトイは三角形や四角形に折り、アクセントにしています。
葉物のさまざまなフォルム、質感を活かして制作します。

制作前の準備

・ドラセナの一部を丸めて留める。

・レモンリーフの葉を間引いて矯める。

Flower & Green

ドラセナ2種…各1
フトイ…10
ハラン…3
タニワタリ'エメラルドウェーブ'…3
ユウギリソウ…4
レモンリーフ…3

1. ハランとタニワタリ'エメラルドウェーブ'でアレンジメントのアウトラインを作る。ユウギリソウやドラセナでフローラルフォームを隠す。

2. 葉を間引いたレモンリーフを広がるように挿し、タニワタリ'エメラルドウェーブ'の後ろにもドラセナを入れる。

3. ドラセナ2種は2枚くらい残し、あとは写真のように加工しておく。

4. ③で加工したドラセナを入れてフローラルフォームの隙間を埋める。フトイ3本はタニワタリの左後ろに高低差をつけて挿す。

5. フトイのなかにワイヤーを挿し込む。

6. フトイのライン2本の先端部分はワイヤーで合わせる。

7. 巻いていないドラセナとユウギリソウで高さを出す。アレンジメント全体に⑥のフトイを挿し込み、鋭角に折り、四角形や三角形を作る。

縦型多点のアレンジメントの応用 I

縦型多点のアレンジメントに傾斜を加えたデザインです。
葉物をワイヤーを使った作品作りを習得しましょう。
フトイとドラセナにワイヤーを使って制作します。

制作前の準備

・フトイを四角い形に折り、ホチキスで角を留めて、先
　端をカット。
・カラー、アンスリウムを矯める。
・スプレーバラを切り分ける。

Flower & Green

アンスリウム…5
バラ…8
スプレーバラ…3
ドラセナ…1
タニワタリ'エメラルドウェーブ'…2
カラー…5

フトイ…5

目標制作時間

30 min.

1. ドラセナをワイヤーでギャザーをつけ、フローラルフォームに挿す。

2. 右横にドラセナを流すように挿す。アンスリウムやバラも合わせ、流れを作る。

3. タニワタリとカラーを右の方向に傾斜をつけて挿す。

4. 垂直の方向に花材を空間と高低差をつけて挿す。

5. フトイをホチキスで四角に造形したものをアクセントになるように、花の流れを意識し、それぞれ挿して完成。

縦型多点のアレンジメントの応用 II

葉物を編むテクニックを習得しましょう。ニューサイランを編み、花を挿して仕上げています。花はグラフィカルに配置しましょう。

制作前の準備

- ニューサイランを細く割く。
- カーネーションは1輪ずつに
  切り分ける。
- ヒマワリは葉を取る。

Flower & Green

ニューサイラン…10
カーネーション…8輪
ヒペリカム…3
ドラセナ…5
ヒマワリ…7

40 min.

使用花材の数については、基本的に一本単位ですが、スプレーカーネーションのように花が複数ついているものは使用する花の輪数を表記しています。

1. ニューサイランを割いて細くしてから、交互に編む。

2. サイドはホチキスで留める。

3. ②をフローラルフォームに挿す。表から開いているところにヒマワリを挿し込み、茎をフローラルフォームに挿す。

4. ヒマワリを高低差をつけてさらに3本挿し、その後カーネーションを挿す。横から見ると、茎を通して編みこみの間から花を挿す。

5. カーネーションとヒマワリをバランスよく挿す。

6. ヒペリカムをカーネーションとヒマワリの間に挿す。

7. 下部のフローラルフォームにヒマワリ4本を挿す。足元にドラセナを立てて入れて完成。

203

縦型多点のアレンジメントの応用III

シンプルな縦型多点のアレンジメントのなかに、ネコヤナギで交差するラインを入れる
応用スタイルです。交差のラインをきれいに見せるために、花を抑えめに配置します。

<u>制作前の準備</u>

・ネコヤナギを使用する長さにカットし、枝を矯める。

・ウーリーブッシュやアランセラを切り分ける。

・アンスリウムを矯める。

Flower & Green

ネコヤナギ…8
ウーリーブッシュ…2
アランセラ…3
エリンジウム…2
ミモザ…4
アンスリウム…1

1. ネコヤナギをしっかり矯めて写真のように挿す。

2. ウーリーブッシュをできるだけ低くフローラルフォームを隠すように挿す。

3. ウーリーブッシュの余分なところはハサミでカットして整える。

4. ミモザを1本は高さを出して、残りは短くカットして足元に加える。

5. アランセラはネコヤナギの流れに合わせ、ラインを活かして挿す。

6. エリンジウムを切り分けて、フローラルフォームに垂直に挿し、短いものは足元にも入れる。アンスリウムを右に挿して完成。

縦型多点のアレンジメントの応用IV

ユキヤナギの繊細なライン使いとミスカンサスを編むテクニックを習得しましょう。
編んだミスカンサスは、1本で使うよりも存在感が増し、アクセントになります。

制作前の準備

・ユキヤナギを矯める。
・ラナンキュラス、バラは短くカットする。
・スイートピーは切り分ける。

Flower & Green

ユキヤナギ…3
ミスカンサス…12
カーネーション…3
ラナンキュラス…4
バラ2種…7
スイートピー2種…8

1. ミスカンサス3本を揃えてワイヤーで留め、三つ編みにし、先端は3本一緒にホチキスで留める。これを4本作る。

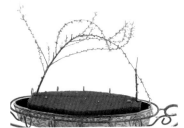

2. ユキヤナギでフローラルフォームの左端から右端へ向けてアーチを作る。

3. カーネーションを三角形になるように中心は高く、残りの2本は低めに挿す。

4. ①の三つ編みしたミスカンサスを入れる。根元から挿し、先端はユキヤナギの小枝でフローラルフォームに挿す。

5. ミスカンサス、ユキヤナギ、カーネーションが入ったところ。

6. ピンクのバラを中心よりやや左側に3本高低差をつけて挿す。残りの1本は右側に挿す。

7. ラナンキュラス、薄紫のバラもまとめて1ヵ所に挿す。ピンクのスイートピーは高低差をつけて、2段に分けて入れる。

8. 後ろ側に白いスイートピーを入れて完成。

横型1点集中のアレンジメントの応用 I

矯めが効くチューリップに葉物を合わせて制作しましょう。レネゾーンは横への流れに、
ドラセナ、キキョウランは丸めて使用します。
レネゾーンをチューリップを目立たせるように配置するのがポイントです。

制作前の準備

・デルフィニウム、スイートピーを切り分ける。
・チューリップを矯める。

Flower & Green

レネゾーン…2　　　　　キキョウラン…5枚
チューリップ…6
スイートピー2種…各2
ナデシコ'テマリソウ'…3
デルフィニウム…1
ドラセナ…1本

1. レネゾーン2本を葉先が左を向くように挿す。

2. スイートピーの白とデルフィニウムをレネゾーンの間に挿す。

3. チューリップをフローラルフォームの中心から上に広がるように挿す。チューリップは矯めてから挿した方がきれいに仕上がる。

4. ナデシコ'テマリソウ'でフローラルフォームを埋めるように挿す。

5. ドラセナとキキョウランをカットし丸めたり、矯めたりしてパーツを作る。

6. ④の間に、短くカットしたスイートピーピンク、デルフィニウムを入れる。⑤のキキョウラン、ドラセナを入れて整えて完成。

横型1点集中のアレンジメントの応用 II

早春の枝物、トサミズキの扱いを学びましょう。
トサミズキを挿すときに上向きになるように矯めていくことが大切です。

<u>制作前の準備</u>

・トサミズキ、ミモザを切り分ける。

・コアラファーンを切り分ける。

・レネゾーンは葉の長さが60cmになるように下部を
　葉柄を残してカット。

Flower & Green

トサミズキ…2
レネゾーン…1
クィーンプロテア…2
ミモザ…2
コアラファーン…3

目標制作時間

30 min.

1. 器の直径が20cmなので、3倍の長さ60cm
にレネゾーンをカットし、写真のようにフロー
ラルフォームの右横に真っ直ぐ挿す。

2. 切り分けたトサミズキを横にしたときにや
や上向きになるように矯める。矯めた枝
をレネゾーンの上に自然な形に見えるよう
に挿す。

3. 器の中心にクィーンプロテアを2本角度を
つけて挿す。

4. ③の周りに切り分けたコアラファーンを円
型で一定方向に流れを作るように挿す。
ミモザも同様に挿し、ボリュームを出して
完成。右のレネゾーンの流れが強いの
で、器部分のボリュームをきちんと出すこ
とで、全体のバランスを合わせる。

横型1点集中のアレンジメントの応用III

枝物、葉物、花を立体感を出すように制作しましょう。切り分けたキバデマリを他の花材よりも高い位置になるように挿して作ります。高さを抑えた枝物の扱いを習得しましょう。

制作前の準備

・タニワタリは葉柄を残して下部をカットする。

・ドラセナは丸めて留める。

・ミモザの葉を落とす。

Flower & Green

レースフラワー…5
ミスカンサス…7
ミモザ…2
ドラセナ…8
ヒペリカム…3
キバデマリ…4

1. キバデマリを入れる。

2. アカシアは、葉を落として入れ、背面にも入れる。

3. ヒペリカムを1点に向かって挿すように意識を持って挿す。

4. レースフラワーを全体に外へ向かうように挿す。

5. ミスカンサスを丸めて、矯めてホチキスで留めパーツを作る。一部は留めずにカールさせる。

6. 丸めたドラセナを入れる。キバデマリを入れてラインを強調する。⑤のミスカンサスを挿して完成。

横型1点集中のアレンジメントの応用IV

縦型1点集中と横型のミックススタイルで、横を強調したタイプです。
葉物での横の強調表現をマスターしましょう。

<u>制作前の準備</u>

・タニワタリは葉柄を残して下部をカットする。

・ドラセナは丸めて留める。

Flower & Green

ドラセナ…2本　　　　　タニワタリ…3
ガーベラ…7
オキシペタルム…3
宿根スターチス…3
セダム…3
カラテア…5

目標制作時間

30 min.

1. フローラルフォーム右寄りにガーベラを入れ、左側に基部をカットしたタニワタリを入れて、アウトラインを作る。

2. ドラセナとカラテアを丸めてホチキスで留めたものをガーベラの周りに入れる。

3. 背面のドラセナの後ろにタニワタリを挿し、葉を丸め葉先を写真のようにUピンを使って、フローラルフォームに固定する。

4. カラテアは裏面の色がアクセントになるように入れる。

5. ガーベラを横への流れの表現として、左へ流すように挿していく。

6. 宿根スターチスは、フローラルフォームを隠すように低めに挿す。

7. セダムやオキシペタルムをフローラルフォームを隠すように入れる。

8. 右奥にタニワタリを挿し、葉を丸めてUピンで留める。左下部にドラセナを1枚入れる。カラテアも足して完成。

横型1点集中のアレンジメントの応用V

枝物だけで仕上げるアレンジメントです。花材をフローラルフォームに挿す位置、
枝の向きを考えてから制作するのがポイントです。
4種の枝物がそれぞれ魅力的に見えるように仕上げます。

制作前の準備

- サクラ、ミモザ、ユキヤナギは必要な長さに切り分け、
  余分な枝を整理する。

Flower & Green

ユキヤナギ…2
サクラ…2
ミモザ…1
ドラゴンヤナギ…1

1. フローラルフォームは高さ2cmほど出るように設置。サクラを矯めて先端が右へ流れるように1本は高さを出し、もう1本はフローラルフォームに対し直角に挿す。

2. ①のサクラの間にユキヤナギを挿し、その間に、ドラゴンヤナギを挿し、ユキヤナギの枝に掛かるように整える。

3. ミモザをフローラルフォーム全体に枝先が外へ向かうように挿し、その間にドラゴンヤナギの短いもので輪を作り、全体に奥行き感を出して完成。

円型1点集中のアレンジメントの応用 I

矯めてカールさせたキキョウランでのベース作りの習得です。
キキョウランを放射状になるように仕上げます。鳥の巣のような雰囲気に仕上げましょう。

制作前の準備

・キキョウランを矯めてカールさせる。

・アイビー、スイートピー、カスミソウ、アルストロメリアは
　使用する長さで切り分ける。

Flower & Green

ラナンキュラス…10
カスミソウ…3
スイートピー…5
キキョウラン…3本
ベアグラス…10
アイビー…3

アルストロメリア…1
アルテルナンテラ…2

目標制作時間

40
min.

1. キキョウランを1枚ずつ挿して写真のような流れを作る。横に挿し終わったら上部に空間を作りながら入れていく。

2. キキョウランの間にアイビーを入れる。

3. 横のラインのなかにスイートピーを入れる。スイートピーにはワイヤー♯22を入れカーブをつける。スイートピーの間にカスミソウを入れる。

4. キキョウランのなかにラナンキュラスを入れる。足元にアルストロメリアを入れる。ベアグラスをラインにそって入れて強弱をつける。ラナンキュラスの間にカスミソウ、アルテルナンテラを挿して完成。

円型1点集中のアレンジメントの応用II

矯めて丸めて弧を描くようにキキョウランを挿し、ベースを作るアレンジメントです。作品内に
空間が生まれます。基本の円型1点集中のアレンジメントより、外を向くように花を挿しています。

制作前の準備

・キキョウランを矯める。

・アンブレラファーンの葉を間引く。

・アイビー、スイートピー、エリンジウムを使用する長さ
　で切り分ける。

Flower & Green

キキョウラン…5本
ベアグラス…4
アンブレラファーン…3
アイビー…6
バラ…5
エリンジウム…1

スイートピー紫…3
スイートピーピンク…3

目標制作時間

40 min.

1. キキョウランを矯めてカールさせたものを
   フローラルフォームに挿す。

2. アンブレラファーンを入れる。

3. ベアグラスとアイビーを入れる。ベアグラス
   は丸めて輪を作ったりカールさせたりし
   て、流れを作る。

4. バラを花の頭がやや外向きの円型になる
   ように挿す。

5. バラの間に短くカットしたスイートピーをバラ
   より高くならないよう意識しながら入れる。

6. エリンジウムを1輪ずつにカットし、ポイン
   トになる場所に入れて完成。

円型1点集中のアレンジメントの応用III

ブーケホルダーを使用した作品です。円型1点集中の手法で制作しますが、
葉物を加工したクッショングリーンを使って仕上げましょう。

制作前の準備

- キキョウランは10枚程、先端を
  丸めて留める。
- 残りのキキョウランは矯める。
- ピットスポラムは使用する長さで切り分ける。

Flower & Green

キキョウラン…2本	ダリア…1
ドラセナ…1本	バラ…4
ピットスポラム…3	ラナンキュラス…2
ワックスフラワー…2	
ミスカンサス…6	
アリウム…4	

目標制作時間

30 min.

1. ドラセナを写真のように加工する。キキョウランも5、6本枚を残し丸めておく。

2. メインのダリアをブーケホルダーに挿し、横に①のドラセナを挿し、ダリアを支える。同じように右下にラナンキュラスとドラセナを入れる。

3. ①のキキョウランにピットスポラムやワックスフラワーで空間を埋めていく。

4. ダリアとラナンキュラスの間にバラをマスで挿し、後ろにも①のキキョウランを入れボリュームを出す

5. 短くカットしたアリウムで花と葉の間を埋め、長めのアリウムを左と後ろに挿し動きを出す。アリウムは差し色としても効果的。

6. 丸めていないキキョウランを加えて動きを出す。ミスカンサスは根元近くに挿し、輪を作り、遊び心を演出する。

円型1点集中のアレンジメントの応用Ⅳ

コデマリは半分から下の花と葉を取ることで、ラインとして使用することができます。
大きく使った枝物でのアウトライン作りを習得しましょう。

制作前の準備

・コデマリ、ミモザを切り分けて矯める。

・カラーを矯める。

・オキシペタルム、スターチスを使用する長さに合わせ
　て切り分ける。

・レモンリーフは下部分の葉を取る。

Flower & Green

カラー…5
コデマリ…3
ミモザ…3
オキシペタルム…4
ヒペリカム…4
スターチス…3

レモンリーフ…3

目標制作時間

30
min.

1. コデマリを写真のように角度をつけて挿し、左半分のラインを作る。カラーを矯めて高低差をつけて入れる。

2. フローラルフォームの右半分も①同様に同じ方向を花材が向くようにコデマリを写真のように挿す。

3. ミモザを②に入れて大まかな形を作る。

4. オキシペタルムをフローラルフォームの中心に短く挿し、スターチスはそれより少し高低差を出して外へ広がるように入れる。ヒペリカムは高さを抑えて入れる。横に伸びたカラーに添うようにスターチスの長いものとレモンリーフを入れ整える。

円型1点集中のアレンジメントの応用V

アオモジで外へ広がるアウトライン作りを学びましょう。
通常の円型1点集中と作り方は同じですが、花や葉の向きを外へ向けるように作ります。
アオモジの枝は曲がりをうまく使い、花は重くならないようにバランスよく配置します。

制作前の準備

・アオモジ、ミモザを切り分ける。

・カラーを矯める。

・ミスカンサスを矯める。

Flower & Green

アオモジ…1
ミモザ…4
ラナンキュラス…7
スイートピー…8
カラー…5
オクロレウカ…5

目標制作時間

40
min.

1. アオモジを矯めて高低差をつけて挿す。

2. アオモジと同じ流れでミモザを矯めて高低差をつけて挿す。

3. ラナンキュラスも高さを出して同様に挿す。

4. スイートピーはラナンキュラスよりも低く同様に挿す。

5. 矯めてカーブをつけたカラーを奥は高く、残りは高低差をつけて挿す。

6. 最後にオクロレウカの葉を流したり、丸めたりし、動きが出るように挿す。

円型1点集中のアレンジメントの応用Ⅵ

枝の折り矯めを習得しましょう。サクラの枝を切り込み、ゆっくり折り矯めて形を作ります。

<u>制作前の準備</u>

・サクラを切り分ける。

・ドラセナを丸めて留める。

Flower & Green

サクラ…2
ドラセナ…2本
グロリオサ…3
ドラセナ・コーディライン…1本
バラ…6

1. サクラの枝を切って矯める。ゆっくりと優しく。

2. フローラルフォームの周りを丸めたドラセナで縁を描くようフローラルフォームに隠す。

3. ②のフローラルフォームの向きを写真のようにする。

4. 矯めたサクラの枝を手前に倒れるように入れる。

5. 右奥にもサクラを1本入れる。

6. グロリオサをサクラの手前に3本まっすぐ入れる。

7. ドラセナ・コーディラインを1本、右側に入れる。

8. バラを短く切り、葉を取る。

9. バラをドラセナとサクラの根元にマスで入れて完成。

円型1点集中のアレンジメントの応用Ⅶ

表裏で色が異なるカラテアの特徴を活かす作品です。
似たフォルムのアンスリウムと合わせることで、形と葉色を活かして作りましょう。

制作前の準備

・カラテアの茎を矯める。

・アンスリウムの茎を矯める。

・オキシペタルム、エリンジウムなど使用する長さに
　切り分ける。

Flower & Green

カラテア…5
タニワタリ'エメラルドウェーブ'…5
アンスリウム…2
エリンジウム…1
オキシペタルム…3

スイートピー3種…各4
セダム…5

1. カラテアの葉をフローラルフォームの中央左寄りに3本、後ろ側に2本挿す。このとき葉の表だけが見えるようにしない。裏面も見えるように配置する。

2. タニワタリをフローラルフォームの中央、カラテアの間に挿す。

3. アンスリウムを高低差をつけて左右非対称に入れる。

4. エリンジウムを中心に短く垂直ぎみに入れる。オキシペタルムをエリンジウムの前に挿す。

5. スイートピーをエリンジウムの後ろにマスで挿す。フローラルフォームの前側に残ったスイートピーを短くカットしてカバーする。足元にセダムを挿して完成。

円型1点集中のアレンジメントの応用Ⅷ

フローラルフォームを使わずに、枝物を器に固定する方法を習得しましょう。
ボケの枝を用いて、モクレンを固定します。

制作前の準備

・モクレンを長さに合わせて切り分
け、無駄な枝を取り除く。

Flower & Green

モクレン…2

枝…2

1. モクレンを器の縁に沿うように挿す。

2. ①のモクレンの横に太い枝を器の縁にセットして、モクレンを固定する。枝の反対側にもモクレンを挿す。

3. ②の枝と十字になるように太い枝を置く。

4. 器の手前にもモクレンを挿し、木の股と器にもう1本枝をのせて、モクレンを固定して完成。

円型1点集中のアレンジメントの応用IX

ブーケホルダーを利用し、主張の強い花1輪1輪を際立たせるデザインに挑戦してみましょう。
切り分けたモクレンの枝を放射状に挿し、アウトラインを作ります。

制作前の準備

・モクレンを切り分け、枝を整理する。
・アマリリスは切り分け、ワイヤーを挿し込む。
・スプレーバラを使用する長さに切り分ける。
・チューリップを矯める。

Flower & Green

アマリリス…1	ユーカリ…2
モクレン…1	ピットスポラム…1
バラ…2	チューリップ…3
ラナンキュラス…3	ヒペリカム…1
スプレーバラ…1	ドラセナ…1本
レースフラワー…5	

目標制作時間

40 min.

1. ブーケホルダーの中心にアマリリス、モク
   レンを右横に挿す。ブーケホルダーの根
   元部分にモクレンを挿す。

2. モクレンをすべて挿しレースフラワーを
   フォーム全体に挿す。

3. 丸めたドラセナを左右に挿していく。

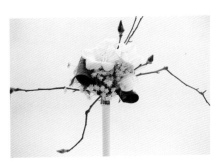

4. ヒペリカムとバラ、スプレーバラを挿す。

5. ラナンキュラスを挿す。

6. チューリップ、ユーカリ、ピットスポラムを挿
   し、巻いていないドラセナを左右に入れ
   たら完成。

assignment 71

ミックススタイル　縦型1点集中と横型1点集中 I

縦型1点集中と横型1点集中のミックススタイルです。矯めたタニワタリでの
アウトライン作りを学びましょう。

制作前の準備
・ドラセナを丸めて留める。
・オキシペタルム、デルフィニウムは使
　用する長さに合わせて切り分ける。

236　花制作／村上千恵美

Flower & Green

ドラセナ…1本
オキシペタルム…4
ヒマワリ…3
タニワタリ…3
デルフィニウム…2
ナデシコ'テマリソウ'…4

目標制作時間
30
min.

1. タニワタリで写真のようにアウトラインを作る。

2. ヒマワリを中心に3本高低差をつけて入れる。

3. ナデシコ'テマリソウ'でフローラルフォームを埋める。

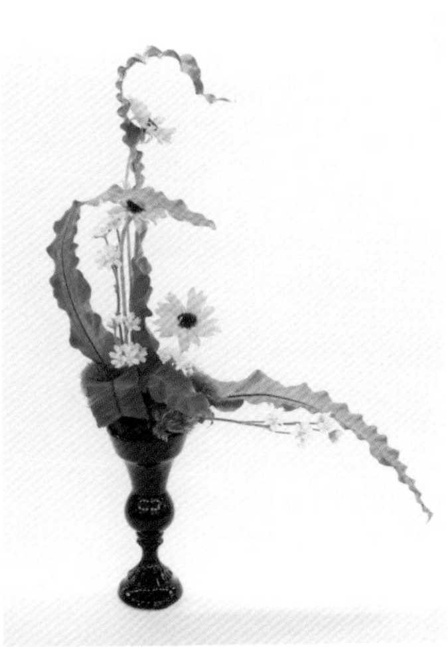

4. オキシペタルムをタニワタリに添えるように挿して色のバランスをとる。左に矯めたタニワタリをアクセントにする。

5. ドラセナを丸めて、フローラルフォームの隙間を埋める。

6. デルフィニウムを中心部に挿す。残っているオキシペタルムを低いヒマワリの横に、ドラセナを左奥に1枚挿して完成。

ミックススタイル　縦型1点集中と横型1点集中 II

葉物で縦と横に大きく広がりを作りましょう。タニワタリを長く使い、
シースターファーンを放射状に挿すことで、形を作っていきます。

制作前の準備

・タニワタリを矯める。

・アンブレラファーンは葉を間引く。

・ピットスポラムは使用する長さで切り分ける。

・ガーベラは使用する長さにカットし、ワイヤーを茎
のなかに入れる。

Flower & Green

タニワタリ…3 　　　ピットスポラム…2
ガーベラ…5 　　　キキョウラン…1本
フリージア…8
レースフラワー…3
カーネーション…4
アンブレラファーン…3

目標制作時間

25 min.

1. アウトラインとしてタニワタリを中心に立て、丸めたものを足元に入れ、右横に流す。

2. ワイヤーを入れたガーベラ5本は、写真のように高低差をつけて挿す。

3. フリージアをタニワタリのラインに添うように挿す。

4. レースフラワーをガーベラの間に挿す。

5. 短くしたカーネーションとピットスポラムでフローラルフォームを埋めていく。

6. キキョウランを丸めてホチキスで留める。

7. アンブレラファーンを根元に挿し、⑥のキキョウランを全体のバランスを見ながら入れてラインを出す。

239

ミックススタイル 縦型1点集中と横型1点集中Ⅲ

キキョウランの葉を使ってアーティスティックな表現に挑戦しましょう。
キキョウラン2枚の間にワイヤーを挟んで形作っています。

制作前の準備

・ドラセナを丸める。

・レモンリーフ、カーネーションを切り分ける。

Flower & Green

ラナンキュラス…10
カーネーション…3
ヒペリカム…3
レモンリーフ…3
ドラセナ…1本
キキョウラン…3本

30
min.

1. キキョウランを株から外し、同じ大きさの
   ものを5組ペアにする。ペアのうち1枚に
   葉先からワイヤー#20を中心にのせて、
   両面テープで貼り付け、そのうえにペアの
   残りの葉を貼り付ける。これを5組作り、
   先端をくるくると丸めて形作り、写真のよ
   うにフローラルフォームに挿す。

2. ①の間のレモンリーフと丸めたドラセナで
   フローラルフォームを埋めて、ベースを作
   る。盃のような器と①のキキョウランの形
   をリンクさせているので、器を隠さないよ
   うに気をつける。

3. ドラセナの間に短くカットしたヒペリカム
   を入れて、こんもりとした形にする。

4. カーネーションを全体に散るように挿す。
   こんもりとなるように高低差に気をつけ
   る。最後にラナンキュラスを中心、左右に
   高さを出して挿して完成。

ミックススタイル　縦型1点集中と横型1点集中Ⅳ

縦型1点集中と横型のミックススタイルです。ストレリチアの葉はドライの葉を取り入れ、
時間の経過の表現を学びましょう。

制作前の準備

・ストレリチアの葉を縦半分にカットする。
・ピットスポラム、コアラファーンを使用する長さに切
　り分ける。

Flower & Green

ストレリチアの葉（ドライ）…3
ストレリチアの葉…5
コアラファーン…3
ピットスポラム…2
ヒペリカム…4
ガーベラ…9

目標制作時間

30
min.

1. 生のストレリチアの葉を写真のように中心と右端に高低差をつけて挿す。右側に挿す葉は中心を向く位置に挿すこと。

2. ①にドライのストレリチア2本を①の葉の前に葉先が左に流れるように挿し、ガーベラ2本を高低差をつけて挿す。

3. コアラファーンでフローラルフォーム全体をカバーする。

4. ピットスポラムを切り分け、器の縁にバランスよく配置する。

5. ヒペリカムを短くカットし、全体に挿す。

6. 生のストレリチアの葉を写真のように半分にカットする。

7. ⑥の葉を丸めるなどして、右端や中心にアクセントになるように挿して完成。

8. 残りのガーベラを花の向きを変えながら挿して完成。

243

ミックススタイル　縦型1点集中と横型1点集中V

縦型1点集中と横型1点集中のミックスで、縦を強調したスタイルです。
ドラゴンヤナギを矯めて、ダイナミックなアウトライン作りを習得しましょう。

制作前の準備

・ドラゴンヤナギを矯める。

・ドラセナは8枚ほど、丸めて留め、残
　りは矯める。

・バラ、ダリアは葉を取る。

Flower & Green

ドラゴンヤナギ…2
ダリア…4
バラ…9
ドラセナ…2本

目標制作時間

30
min.

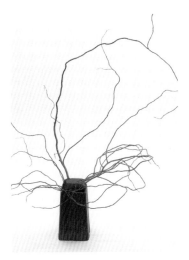

1. ドラゴンヤナギでアウトラインを作る。

2. ダリアを左側に高低差をつけて3本挿し、1本は右前に挿す。

3. 丸めたドラセナでフローラルフォームの端を隠していく。

4. フローラルフォームの中心にバラを低くまとめて挿す。

5. 残りのドラゴンヤナギとドラセナを写真のようにアクセントになるように入れて完成。

ミックススタイル　縦型1点集中と横型1点集中VI

サクラを縦に、ツバキを横に使用した、縦型1点集中と横型1点集中のミックススタイルです。
背中がある、ワンサイドのアレンジメントです。ツバキの葉を間引いて使うテクニックを習得しましょう。

<u>制作前の準備</u>

・サクラを切り分け、余分な枝を取る。

・ツバキは余分な葉と枝を取る。

・ドラセナは丸めて留める。

・アンスリウムは矯める。

Flower & Green

サクラ…2
ツバキ…2
アンスリウム…3
ドラセナ赤…2本
キク…3

目標制作時間

30 min.

1. 切り分けたサクラをフローラルフォームに挿し、アウトラインを取り、ドラセナでフローラルフォームを埋め、ツバキをサクラの横に添えるように、1本挿す。アンスリウムは高低差をつけて挿す。

2. 長めのツバキをサクラとのバランスを見ながら右横に流し、短く切ったツバキで全面を挿す。ドラセナを矯めてフローラルフォームの右前に挿す。

3. キクを中心に低く2本挿し、左に1本高く挿す。短く切ったサクラを前に挿して完成。

ミックススタイル　縦型1点集中と横型1点集中Ⅶ

アオモジとキキョウランを使って大きな作品を作っていきましょう。
枝は切り分け、余分な枝を外し、矯めます。キキョウランで足元のボリュームを出しましょう。

制作前の準備

・アオモジは切り分けて、矯める。

・キキョウランは10枚を矯め、残りは
　丸めて留める。

・チューリップの茎を矯める。

Flower & Green

アオモジ…2
チューリップ…5
ラナンキュラス…2
スイートピー2種…各3
キキョウラン…3本

1. アオモジを左寄り中心正面と右
　側に写真のように挿す。

2. キキョウランをカールさせてフロー
　ラルフォームに挿し、流れを出す。

3. 矯めたチューリップを右側に流れ
　を出すように挿す。ラナンキュラス
　をチューリップの間に挿す。

4. スイートピーを高低差をつけて挿
　す。フローラルフォームの左手前
　に、丸めたキキョウランを挿して
　完成。

ミックススタイル　縦型1点集中と横型1点集中Ⅷ

モクレンでのアウトライン作りを習得しましょう。

枝と花の位置を考えて、枝を切り分け、不要な枝を外してから制作します。

制作前の準備

・モクレンの枝を切り分ける。

・アンスリウムは茎を矯める。

・コアラファーンは使用する長さで切り分ける。

・バラは葉を取る。

・ドラセナは矯める。

Flower & Green

モクレン…2
バラ…8
アンスリウム…3
コアラファーン…7
ドラセナ…2本

1. モクレンは切り分けし、ラインがき
れいになるよう余分な枝は切って
おく。

2. モクレン2本を写真のように挿す。

3. ②のアウトラインをつなぐように残
りのモクレンを挿す。

4. ドラセナでフローラルフォームを埋
めるように挿し、茎の長いドラセ
ナはモクレンのラインに合わせて
挿す。アンスリウム3本を中心付近
に高低差をつけて入れる。

5. バラを空間に挿していく。コアラ
ファーンを足元部分とモクレン寄
りに挿して完成。

ミックススタイル　縦型1点集中と横型1点集中IX

ユウギリソウを葉物として扱うアレンジメントです。
メインとなる花を挿し、クッショングリーンになるようにユウギリソウを挿していきましょう。

<u>制作前の準備</u>

・ダリア、ラナンキュラスは葉を取る。
・スイートピー、デルフィニウム、カスミソウは
　短く切り分ける。

Flower & Green

ダリア…4
デルフィニウム…4
スイートピー…7
ラナンキュラス2種…各5
ユウギリソウ…4
カスミソウ…2

1. 中心にラナンキュラスを挿し、周りにダリア
   4本を挿す。

2. ユウギリソウをダリアの周りに少し低めに
   挿す。

3. ラナンキュラスをダリアの外側に4本挿す。
   オールラウンドになるように花の頭の高さ
   を調整する。

4. もう1種のラナンキュラスでラウンドの形
   を完成させるように挿す。

5. ラウンドの周りを短くカットしたスイート
   ピーでぐるりと埋めるように挿す。

6. 全体に少し低めにデルフィニウムとカスミソ
   ウをランダムに挿して、形を整えて完成。

ミックススタイル　縦型1点集中と横型1点集中X

丸めて留めたキキョウランで放射状にベースを作り、そこに花を挿して仕上げています。
葉物を丸めたパーツを事前準備しておくことでスピーディーに仕上がります。

制作前の準備

- キキョウランを丸めて留める
  （40パーツ程度制作する）。
- ベアグラスはカールさせる。
- バラ、ラナンキュラスは葉を取る。
- スイートピーは使用する長さに切り分ける。

Flower & Green

キキョウラン… 10本　　　ベアグラス… 20
バラ…4
スイートピー2種…各8本
ラナンキュラス2種…18
カーネーション…5
コアラファーン… 5

1. くるくると巻いたキキョウランを円状にフ
　ローラルフォームに挿す。

2. ①の中心にバラ4本を高さを揃えて挿す。

3. バラの間とキキョウランの間にスイート
　ピーを前後に入れる。高さは隣り合うキ
　キョウランより1、2輪花が出るようにする。

4. ラナンキュラス2種を下のスイートピーの
　横にそれぞれマスでオールラウンドになる
　ように形作る。

5. カーネーションをポイントに挿す。コアラ
　ファーンを空いているところを埋めるよう
　に挿して、全体を整える。

6. 仕上げにカールさせたベアグラスを入れ
　て、動きと立体感を出して完成。

ミックススタイル　縦型1点集中と横型1点集中XI

枝を逆さにして使う表現を習得しましょう。花のなかにも小さなコンストラクションを入れて、
アクセントにします。

制作前の準備

・ユーカリは使用する長さに切り分ける。

・バラの葉を外す。

Flower & Green

サンゴミズキ…2
ユーカリ…5
ドラセナ赤…1本
アンスリウム…2
バラ…2
カーネーション…7

1. サンゴミズキ1本を大きく2つに切り分け先端部分は写真のように矯めて丸める。もう1本は細かく枝で切り分ける。

2. ①の大きく切り分けた下部分の先端をフローラルフォーム中央に斜めに挿し、ワイヤーで固定する。細い枝3本をフローラルフォームの側面に1本ずつ挿す。

3. ①の矯めて丸めた枝を左に垂直に挿し、右にも細い枝を矯めて丸めたものを同様に挿す。横に広がる部分になる。

4. ドラセナを葉先が見えるように丸める。7〜10パーツくらい作る。

5. ④を葉先が見えるように同じ向きに挿し、バラ2本を中央にバランスよく入れる。

6. ユーカリは先端が広がるように足元に入れ器となじませる。中心にカーネーションを1本挿す。

7. 残りのカーネーションを低くドラセナの間に入れる。アンスリウムを2本入れる。

8. 左側に残ったサンゴミズキを小さく丸めて写真のようなパーツを作り、カーネーションの間に入れて、整えて完成。

ミックススタイル　縦型1点集中と円型1点集中XII

フローラルフォームを使わない枝物のアレンジメントです。ツバキをラインが出るように切り分け、
葉を間引きしたツバキを花が見えるように挿してからネコヤナギでアウトラインを作ります。

<u>制作前の準備</u>

・ツバキの枝の余分な葉を取り、切り
　分ける。
・ネコヤナギは切り分け、矯める。

Flower & Green

ツバキ…3
ネコヤナギ…3

1. ツバキは花がきれいに見える枝を
カットし、葉のみの枝も長さを揃
えて、花がきれいに見えるように
高低差をつけて挿す。

2. ネコヤナギを矯めてから、枝の流
れを見ながら入れる。

3. ツバキを左右に広がるようにネコ
ヤナギにかかる程度に挿して形を
整えて完成。

ミックススタイル　縦型1点集中と横型1点集中XIII

折り矯めしたボケの高度な活用法です。枝のラインを見せながら、
固定してベースを作っていきます。枝には花留めの役目もあります。

<u>制作前の準備</u>

・ボケを切り分ける。

Flower & Green

ボケ…1
クリスマスローズ…3

40
min.

1. ボケの枝を3つに切り分ける。

2. 1本目の枝を水を入れた花器に入れる。
　 2本目を写真のように枝を折り矯める。

3. 折り矯めた枝を逆さにして器に入れる。
　 枝がV字になるため固定される。

4. 3本目の枝を逆さにし、中央に入れる。

5. クリスマスローズを枝を花留めにして3本
　 ほど、入れて完成。

ミックススタイル　縦型多点と横型1点集中Ⅰ

縦型多点と横型1点集中のミックススタイルです。矯めたユキヤナギの細い枝で
大きめのアウトラインを作りましょう。

<u>制作前の準備</u>

・ユキヤナギは枝を切り分け、矯める。

・ウーリーブッシュは使用する長さに切り分ける。

・デルフィニウムは切り分ける。

Flower & Green

ユキヤナギ…2
コアラファーン…2
ラナンキュラス…8
デルフィニウム…3
ウーリーブッシュ…4

目標制作時間

40 min.

1. ユキヤナギの枝の矯めた形を選びながら、写真のようにフローラルフォームに挿す。

2. フローラルフォームをカットしたウーリーブッシュで埋めていく。

3. コアラファーンを②の間に挿す。

4. 短くカットして余分な葉や茎を落としたラナンキュラスを右側と左側に挿す。

5. ラナンキュラスの間にデルフィニウムを入れ、デルフィニウムのつぼみをバランスよく挿す。最後にラナンキュラスのつぼみ、ユキヤナギの短い枝を挿して完成。

ミックススタイル　縦型多点と横型1点集中 II

枝物を器に載せて使う個性的な手法をマスターしましょう。

石化ヤナギは水につけなくても日持ちするので、切り口を外に出すなどして、

ユニークなラインを作ることができます。

制作前の準備

・石化ヤナギを矯める。

・リューカデンドロン、キクは切り分ける

Flower & Green

石化ヤナギ…3
リューカデンドロン…3
シンビジウム…1
カーネーション…4
キク…6

目標制作時間

30 min.

1. 石化ヤナギでアウトラインを作る。器にかかるよう石化ヤナギを下の方に何ヵ所かに分けて入れ、印象的なラインにする。

2. シンビジウムを中央に入れる。

3. 口元を隠すようにリューカデンドロンを入れる。

4. カーネーションをシンビジウムの後ろ側に高低差をつけて入れる。

5. シンビジウムの手前にキクを入れて完成。

ミックススタイル　縦型多点と円型1点集中 I

カットしたモンステラをアウトラインにした縦型多点と円型1点集中のミックススタイルです。
大きな葉と小花という難易度の高い組み合わせを習得しましょう。

制作前の準備

- モンステラは1枚を半分にカットし、残り1枚は下部
  をカットする。
- タニワタリは1枚を半分にカットし、残りはひと回り
  小さくカットする。
- カーネーションは1輪ずつに切り分ける。

Flower & Green

モンステラ…3
タニワタリ…2
アレカヤシ…2
ピットスポラム…2
カーネーション…3
アルストロメリア…1

目標制作時間

30
min.

1. 大きめのモンステラとアレカヤシを挿し、半面をカットしたモンステラ、アレカヤシを挿す。

2. 一回り小さくカットしたモンステラをアレカヤシの手前に挿す。

3. カーネーションの位置を決め、配置する。葉の穴に挿し、葉の隙間から覗かせる。

4. ピットスポラムをカットし、アレカヤシの手前に挿し、フローラルフォームをカバーし、裏面にもカーネーションを低めに挿す。

5. タニワタリを右のモンステラの前後に挿す。最後にアルストロメリアの花とつぼみを挿して完成。

ミックススタイル　縦型多点と円型1点集中Ⅱ

ボケの折り矯めとガラスの器での枝の見せ方を習得しましょう。
器のなかの葉物が美しく見えるように配置します。

<u>制作前の準備</u>

・ボケを使用する長さに切り分け、枝を整理する。

Flower & Green

ボケ…5
キキョウラン…1本
モンステラ…2

1. ボケを折り矯める。

2. モンステラの葉を半分カットする。

3. 水を入れた花器にモンステラを2枚入れ
　る。ボケは花器のなかで動かないように
　1本ずつ丁寧に入れる。

4. キキョウランを1枚ずつ丸め花器に入れ
　る。

5. 花器に入れたキキョウランの一部を枝に
　縛ったり葉に挿して完成。

ミックススタイル　縦型多点と円型1点集中Ⅲ

リング型のフローラルフォームの使い方をマスターすると、リースからアレンジまで役に立ちます。
縦型多点と円型1点集中のミックススタイルです。最初にフローラルフォームを葉物でカバーし、
最後にアウトラインを挿して仕上げます。

<u>制作前の準備</u>

・バラ、キクは葉を取る。

Flower & Green

ドラセナ…2本	キンギョソウ…4
タニワタリ…4	
バラ…9	
スイートピー…5	
キク…3	
ブバリア…9	

目標制作時間

40 min.

1. フローラルフォームにドラセナを挿し、葉を丸めるようにUピンで留める。

2. タニワタリ2本をそれぞれフローラルフォームに挿し、葉先をねじってUピンで留める。

3. キクを挿す。

4. スイートピーとバラをタニワタリの間に挿す。

5. ④にキンギョソウを挿す。

6. 全体のバランスを考えながら、スイートピー、ブバリア、キンギョソウを全体に挿す。葉の向きに合わせて、花の向きも揃えると美しい。

7. 空いているところにバラをマスで挿す。

8. タニワタリを縦方向に1本高さを出して挿す。2本目は少し短めに隣り合う位置に入れる。どちらも葉先の流れが中心を向くように挿す。

9. スイートピー2本を⑧のタニワタリと向き合うように高さを出して挿す。バラ、キンギョソウ、キクをスイートピーより低く縦方向に挿して完成。

監　修　永塚慎一　Shinichi Nagatsuka

1971年神奈川県横須賀市生まれ。
数多くの大規模イベント装飾や飲食店の装花を手がける。また一般社団法人
『Nフラワーデザインインターナショナル』の代表としてフラワースクールを全国展開
している。

Nフラワーデザインインターナショナル　http://n-fds.jp/

Staff
カバー撮影　佐々木智幸
AD & D　　川添英昭
編　　集　　櫻井純子(audax)

フラワーデザインの教科書
花束・アレンジメント・リース制作を完全マスター　習得時間の目安付き

2024年3月15日　発　行　　　　　　　　　　　　　NDC793

監　　修　　永塚慎一
発 行 者　　小川雄一
発 行 所　　株式会社 誠文堂新光社
　　　　　　〒113-0033 東京都文京区本郷3-3-11
　　　　　　電話 03-5800-5780
　　　　　　https://www.seibundo-shinkosha.net/
印刷・製本　図書印刷 株式会社